POWER

# 趋势与挑战

## 远程团队创建与管理

〔保〕彼得·伊万诺夫◎著
孙瑜◎译

北京时代华文书局

**图书在版编目（CIP）数据**

趋势与挑战 ： 远程团队创建与管理 / （保） 彼得·伊万诺夫著 ； 孙瑜译 .
-- 北京 ： 北京时代华文书局，2019.5
书名原文：Powerteams ohne Grenzen: Eine Geschichte über Virtuelle Teams und wie sie die Welt verändern
ISBN 978-7-5699-3039-9

Ⅰ. ①趋… Ⅱ. ①彼… ②孙… Ⅲ. ①企业管理－组织管理学 Ⅳ. ① F272.9

中国版本图书馆 CIP 数据核字（2019）第 087286 号

北京市版权著作权合同登记号　字：01-2017-5788 号



## 趋势与挑战：远程团队创建与管理

QUSHI YU TIAOZHAN YUANCHENG TUANDUI CHUANGJIAN YU GUANLI

著　　者 | 〔保〕彼得·伊万诺夫
译　　者 | 孙　瑜

出 版 人 | 王训海
选题策划 | 余荣才
责任编辑 | 周　磊　余荣才
装帧设计 | 李尘工作室　赵芝英
责任印制 | 刘　银

出版发行 | 北京时代华文书局 http://www.bjsdsj.com.cn
北京市东城区安定门外大街 138 号皇城国际大厦 A 座 8 楼
邮编：100011　电话：010－64267955　64267677
印　　刷 | 三河市兴博印务有限公司　0316－5166530
（如发现印装质量问题，请与印刷厂联系调换）
开　　本 | 710mm×1000mm　1/16　印　　张 | 16　字　　数 | 220 千字
版　　次 | 2019 年 9 月第 1 版　印　　次 | 2019 年 9 月第 1 次印刷
书　　号 | ISBN 978-7-5699-3039-9
定　　价 | 48.00 元

随着全球化、信息化高度发展，我们生活的世界出现了全新的合作模式。自由职业者、公司经理人、企业家或非政府组织的活动家们想要从无到有，甚至白手起家建立自己的项目再也不是遥不可及的梦想，因为他们都能在全世界范围内找到并用上最好的员工。

如今，在发达国家，已有81%的员工定期与不在同一地点的人员共同工作——无论对方是在家中、在另一座城市，还是在地球的另一端；同时，60%的团队由不同民族或文化背景的成员组成。

跨境、跨文化创建并运作远程团队，已是全球化时代的必然趋势！

# 目 录

## 第三篇　远程团队绩效的控制与提升

# 序　篇

# 有利益目标的地方就有合作

## 机会，总在不经意间来临

平板电脑的闹钟声将伯恩德从睡梦中唤醒。现在是早上5点半。这位企业家在床上勉强地动了动，感到眼皮沉重，想要再睡一会儿。他的身体十分僵硬——前一天晚上他还在健身房锻炼到很晚。这时，一个念头闪过他的脑海：

法兰克福！项目进度过慢。地基本月必须完成。为什么昨天施工负责人没有回电？我今天有哪些安排？今天下午谁去机场接蕾娜？

想到女儿时，他在床上坐了起来，带着睡意拿起床头柜上的平板电脑，打开了邮件程序。电脑上最新的消息来自谷歌网页提醒：

喜马拉雅山脚发生地震——
特朗斯蒙塔尼亚[1]出现成千上万无家可归的人。

① 出于现实原因，本书中出现的特朗斯蒙塔尼亚为化名。

伯恩德一下清醒了。他将谷歌网页的自动信息设置为“如有自然灾害，立刻通知”的模式。他这位建筑与基础建设项目的专家——曾经的公司顾问，目前正计划在全世界拓展自己的业务。如果他参与灾后重建，便能同时帮助那些陷入困境中的人们。以前他教公司怎样节约成本，实现利润最大化，但现在这些已不再能满足他。他想要以自己的工作使世界变得更好。

照片触目惊心。但是这就是伯恩德一直以来所等待的机会：他想要为整个国家建造安全抗震的住房。

此刻，他先是感到震惊。喜马拉雅山脚当地时间8点半刚过，推特上已经上传了地震后的第一批照片。伯恩德看到雄伟的喜马拉雅山脉下在倒塌的房屋前哭泣的人们。他阅读着第一波报道。在这之前，他从没听说过特朗斯蒙塔尼亚这个不久前才宣布独立的偏远山区。现在看来，松散分布在那片土地的房屋中有80%已被彻底毁坏。不幸中的万幸是，在巨大的地震到来前已有数次小的震动，当清晨房子开始倒塌时，居民们早已逃到了空地上。不过，由此带来成千上万的人无家可归。

伯恩德十分仔细地看着推特上的照片。以专业的眼光来看，他发现那些一层——至多二层的房屋不但设计原始，而且地基更是摇摇欲坠的样子。他想，如果还是这么造的话，下次遇到地震也一样会倒塌！这些人需要不一样的房子——需要现代化的、抗震的房子。他感到等待良久的机会来了。在德国，他拥有丰富的建筑项目经验，如今可用来重建一整片国土，他的愿景是：为特朗斯蒙塔尼亚建造防震的房子。但是怎样才能参与这样的项目呢？新房子该如何设计？该由谁来建造？当地人又如何负担建造房子的费用呢？震区看上去非常贫穷，自身看起来没有建造这种抗震房的能力。伯恩德的脑海飞快地思索着——他们自身有重建的可能吗？他站了起来，走进厨房，在浓缩咖啡机中注入水，按下了双倍意式咖啡的按钮。在机器轰隆的响声中他突然想到了克劳德。浓缩咖啡——是来自蒙特利尔的青年建筑师克劳德最爱的饮料。克劳德每一小时就要喝一杯浓缩咖啡——除了睡觉的时候。克劳德一定会有办法。伯恩德十分确信。克劳德这个事业有成的加拿大人曾与全世界的建筑师们共同合作，重新改造过整片住宅区。他热衷于通过网络从事集体工作，最新项目是与来自四大洲的设计师团队合作设计蒙特利尔的一幢大型公共建筑。

“我得尽快和克劳德联系。”伯恩德想道。他通过空传（Skype）的信息功能给克劳德发了一条问候语，同时发出对话的请求。然后他拿着平板电脑和咖啡坐到了餐桌前。窗外的汉堡，阴雨连绵，然而他的思绪全在喜马拉雅脚下。谷歌新闻和推特上有什么新消息吗?

来自加拿大的建筑师克劳德能帮助伯恩德。他已经与来自世界各地的团队合作过。

特朗斯蒙塔尼亚首都的绝大部分地方似乎未受地震波及，那里的基础设施还完好无损，因此政府通过网络向全世界发出了求救信息。他们无法凭借一己之力帮助偏远地区那些因地震而无家可归的人们，正翘首期待着不拘形式的帮助：食品、衣物、金钱或技术支持。他们仍在期盼无人被埋或受伤，但这些尚未得到证实。

伯恩德打开其政府主页，好在网页还有英语版。在主页上他发现一个名叫安妮·谭的年轻官员刚被任命为救助行动的协调官，此外还有邮箱地址。伯恩德开始给她写信，表达自己想要提供帮助的愿景。

这时克劳德的空传信息来了：“嗨，刚和朋友在圣丹尼斯大街吃完饭回来。还想聊吗？”蒙克利尔现在即将进入午夜。

"太好了。"伯恩德回答道。

## 跨境跨文化合作——是挑战，更是趋势

我们需要顶尖表现来掌控未来的诸多挑战。远程团队如何取得最优绩效？

福睿斯特研究机构的研究成果显示，在发达国家已有81%的员工定期与不在同一地点的人共同工作——无论对方是在家中、在另一座城市，还是在地球的另一端；同时，60%的团队由拥有不同民族或文化背景的成员组成。这一切都发生在一个每两年知识量就会翻番的世界，甚至一些人估计这一时间很快就会缩短到6个月。人类合作的距离越来越远，由此产生了不同的文化、社会、语言以及个人特征。此外我们还得应对新信息日益高涨的浪潮。这是极为巨大的挑战。然而这还不够，还有一系列问题堆积在全人类面前：如很大程度上由气候变化引发的自然灾害、不受控制攀升着的世界人口、不断增加的地区战争以及由此造成的难民潮、依赖于日益稀缺的石油而发展的经济、摇摇欲坠的全球金融体系以及高科技基础设施的脆弱性。

我们所生活的新世界需要全新的合作模式，需要让来自不同文化的多样性团队克服地理与文化上的阻碍，作为一支统一的队伍应对新时代的挑战。如今，无论是公司、自营业者或自由职业者、非政府机构，还是政府机关，都需要这样的团队。问题是，这些团队怎么创造顶尖绩效？没有绝对的最佳表现，就无法掌控未来的挑战。我们面临的问题十分严峻，仅使出一半力气是无法解决的。

遗憾的是，跨越地理距离进行合作的远程团队——"网联团

队”往往被视为全球化的不良后果，是迫不得已的将就安排。其实，远程团队是巨大的机会，尤其是它们不仅跨越了地域界限，更是消解了文化隔阂，这一不同之处恰恰是它们力量的来源。如果抓住机会，远程团队就能成为远程强队——未来之队。它们不仅能解决全球问题，还能发现并利用商机，为多数人创造新的福祉。网络世界的全部潜力将由此得到全面发展。

## 有利益目标的地方就有合作——放之四海而皆准

远程团队的关键在于始终保有凝聚力。核心为共同目标，每一个成员都是一个星体——独一无二且光芒四射。

比起在一个等级森严的组织中寻求传统的职业发展，年轻一代更愿意参与有挑战的项目。如今的年轻人早已习惯于在全世界范围内参与合作，在大学间或国际社团中进行交流，发挥自己的才能。对他们来说，重要的是一个机构有何特别之处，能留下些什么印记，能否把世界变成更好的地方。早就有不计其数的人，尤其是年轻人想要在全球工作，在世界各地的项目中占有一席之地。另一方面，现有机构中的企业主或管理者也需要新人来共同实现更高的目标。

如今，想要从无到有建立新项目早已不再是遥不可及的梦想，更有甚者白手起家，创立了整个企业。企业家、自由职业者、公司经理人或非政府组织的活动家们可以在全世界找到并用上最好的员工。其中的挑战在于统一团队，并确保他们排除地理距离和文化差异的干扰，充满干劲地投入工作。远程团队的构建就像一个原子，它由原子核和各个围绕核心运转的不同部分组成。团队的关键在于即使空间距离存在，也要保持其“万有引力”。一个团队的原子核始终是共同目标，它鼓舞着所有员工，激励他们追求最优绩效。团队中的每个成员都为核心所吸引。在这一结构中每一名成员都是一个星体——独一无二且光芒四射。

管理上糟糕的远程团队会慢慢失去凝聚力，每个个体离核心越来越远，直到某天消失在茫茫宇宙中。远程团队不仅有强大的核心、稳定的引力，随着时间的推移更会变得越来越强。下面就来说说想要令团队变成远程团队，具体需要做些什么。

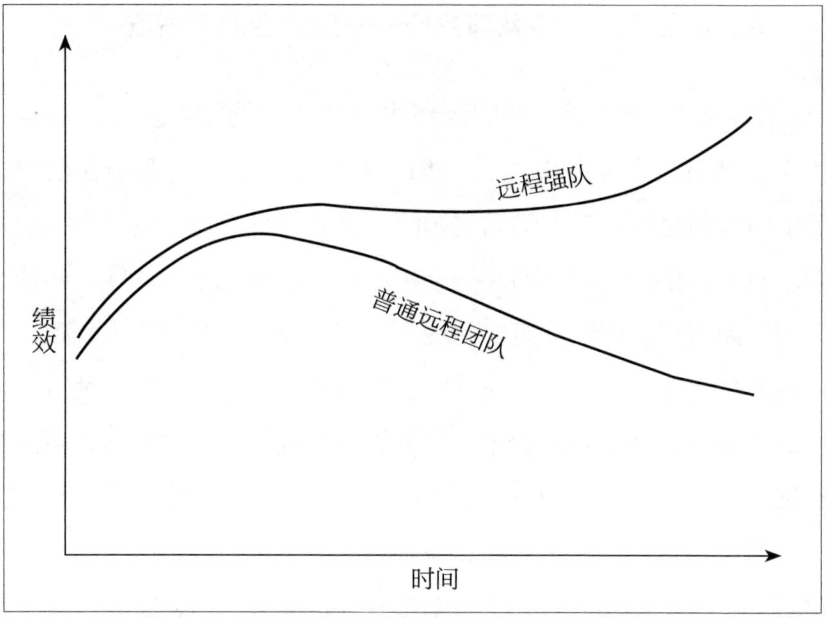


图 1　远程团队

今天，人们拥有创造远程团队前所未有的有利条件。众多如领英（Linkedln）或是五美元服务（Fiverr）这样的数字平台在鼠标点击间便为人们打开了通往全球庞大专业人员数据库的大门。每个企业主、管理者或非政府组织的成员都可以为项目找到全球最好的专家。前提是他们能成功地与每一位专家建立牢固的关联，并以利益目标进行激励，同时通过科学技术弥合地理与文化上的差异，用坚定有力、渴望成功的精神将所有人团结起来。

领导一支远程团队意味着无可比拟的重大责任。在普通团队中，人与人之间距离亲近，可以相互支持，相互鼓劲。在远程团队中，创造有效率的团队文化，同时跨越地理与情感距离则是管理者的任务。因此，远程团队的管理首先是人的管理，能让未来的管理者脱颖而出的并非等级与地位，而是其与人交往的独特能力。

拥有远程团队的机构可以出现在世界任何地方，并坐拥全球资源。它们灵活机动，善于变通，还能使用更多的现有知识。

远程团队的负责人，每一个团队成员以及整个机构乃至社会，以上三者都同样受益于远程团队。对于管理者来说，远程团队的优势在于他们能获得前所未有的挑选世界各地顶尖员工的机会，利用他们全部的专业知识取得优异成果。对于团队成员来说，既能参与充满挑战的国际项目，又无需为此饱受旅途劳顿之苦。他们可以弹性工作，为爱人、家人和朋友留出更多时间，同时仍能实现自己的职业抱负，积累新的经验，挑战难度越来越高的任务。至于整个机构——无论大型商社、中型企业、科研机构或非政府组织——都能随时出现在世界的任何角落，并坐拥全球资源。它变得灵活机动，善于变通，能够使用更多现有知识，而无需为自身的发展投入金钱。若远程团队佳绩连连，其代表的整体机构也必将跻身最佳之列。

您想成为新时代的赢家吗？那就请您继续阅读，请您在下面的12章中追随来自汉堡的伯恩德以及他的全球远程团队的脚步。您将学到如何跨越地理与文化界限，建立顶级专家间的坚固纽带，唤醒他们追逐高远目标的激情。远程团队的先行者们在独家专访以及一场激动人心的网联圆桌会谈中与您分享了他们的宝贵经验，请您好好利用。祝您阅读愉快！

# 第一篇

# 远程团队创建的理念与方法

01

第一章

# 从零开始创建远程团队及录用员工的理念与方法

伯恩德正在给特朗斯蒙塔尼亚的地震救助协调官安妮写邮件。他想先获得委托，再制订计划。

伯恩德身穿浴袍坐在餐桌边已有20分钟。他仍在给特朗斯蒙塔尼亚的地震救助协调官写邮件。他满脑子想的都是收到在喜马拉雅山脚下建造抗震住房的委托。虽然还没有计划，但他只想着：先拿下委托——再制订计划。这是缓兵之计，还是自不量力？他有些犹豫地列举着自己的简历：成功协调了德国数百万金额的建造项目；至今他完成了所有的委托，从未超出过预算。对此，他甚为自豪；心想，人们对自己总是如此顺从，应付亚洲人应该是绰绰有余了。他的邮件充满着自信的文字，尽管他的英语有时有些难懂，也并非没有错误。他有些嫉妒起克劳德了，因为这个人在法语、英语、西班牙语、俄语和意大利语间的切换，就好像人们切换电台频道一般轻松。

与此同时，伯恩德看到建筑师微笑的脸出现在平板电脑上。这说明克劳德通过空传拨来了电话。伯恩德按下绿色按钮接通电话，便看到克劳德在位于蒙特利尔最时髦的城区Plateau家中的视频画面。这位年轻的加拿大人穿着一件剪裁宽松的浅灰色西装和黑色衬衫。

“老伙计，你还好吗？你看起来可真时髦。”克劳德用英语坏笑着打趣道。伯恩德恨不得立刻关掉视频传输，但他还不想成为那个毫无幽默感的德国人。

“也许你还没发现，这里现在是早上刚过六点钟，”伯恩德干巴巴地回道，“再说情况很严重。你听说亚洲的地震了吗？”

“听说了，回家时美国有线电视（CNN）正在报道。太可怕了。好在没什么人丧生，只是房子全变成了废墟。你打算做些什么吗？”

“嗯，他们现在肯定需要人替他们重建楼房，而且得是能抵抗下一次灾害的抗震楼房。人们在召唤德国的高品质工程和一个可靠的来自汉萨同盟城市的企业家，你不觉得吗？”

“怎么说呢，你拥有一台运转顺畅的德国机器，但是你做过其他大洲的项目吗？”

“我们公司的咨询部有国际团队，但是我确实没有亲自带领国际团队做过项目，你说得对。所以我有些担心。你知道我不喜欢意外。好在我认识你！你能告诉我，你是如何独自坐在加拿大和你分布在全世界的团队一块儿工作的吗？”

克劳德建议使用慕课（MOOC，即大型开放式网络课程）设计房屋，有时在线参与人数可高达数万人。

“在做巴基斯坦的项目时，我确实是一个人在加拿大，而其他团队成员则在不同国家。那时我们就是通过慕课完成了这个设计。你也可以用慕课和别人合作为特朗斯蒙塔尼亚完成一个全新的、抗震的房屋设计。你应该不会觉得当地人会全盘接受德式建筑吧？你得考虑当地的建筑传统。材料得取自当地，且经久耐用。而且，最好让当地人自己建造他们的新房，否则最终只是西方公司在盈利——而特朗斯蒙塔尼亚则溺死在债务中。”

“我也是这么想的。只是，请问慕课究竟是什么呀？是这么叫吗？”

“慕课是大型开放式网络课程的缩写。有时数万名学生同时在线学习这些开放的高校课程。最棒的是，他们在通常为六周学习周期中也参与到项目中来。巴基斯坦的项目中，我们有2.5万名大学生，他们为计划建造的大楼提交了5000份设计，其中许多学生进步飞速。这样你就拥有了顶尖质量。最后我们在这些设计稿中挑选出一份，受巴基斯坦政府委托进行了建设。”

“在虚拟网络世界中抱着微观管理管控方式是走不远的。”加拿大人对此再了解不过。伯恩德能摆脱他的旧习惯吗？

“这一共花了多少钱？”

“那次一分未花。因为发起慕课的美国教授把设计送给了巴基斯坦政府。”

“特朗斯蒙塔尼亚肯定也行。毕竟这些人急切需要帮助。可是想到要管理2.5万名学生，还得监控他们的进步，我就有些犹豫。”

“如果你还活在旧世界里，就肯定不行。在虚拟网络世界中抱着微观管理管控方式是走不远的。给那些人他们想要的——然后就让他们去吧。”

“克劳德，”现在伯恩德声音坚定地说道，“你愿意一起冒险吗？你能帮助我管理设计新型房屋的工作流程吗？”

“你知道吗？”克劳德用懒洋洋的语调回答道，“我有两个软肋，一是对困境中的人，二是对你这样的老朋友。好吧，算我一个。但是一周只有一天！更多时间可不行。”

“谢谢！我现在首先用邮件和特朗斯蒙塔尼亚的政府官员取得联系，和她确定网络会议的时间。到时请你一起参加，好吗？你知道我多厌恶电话会议……”

伯恩德结束了与克劳德的对话，写完并发送给了安妮·谭的邮件。接着他冲了个澡，换好衣服，和刚起床的妻子告别，便开车前往他在港城的办公室。早上剩下的时间，他都在跟进（德）国内正在进行的项目，一直打电话、回复邮件，直到中午。接着，他去不莱梅查看了一处工地。傍晚，他从那儿驱车前往机场接女儿蕾娜。她14岁，刚和班级同学第一次去了国外。

三天后。伯恩德坐在办公室里，正准备着亲自主持第一次国际电话会议。春日的阳光穿过落地窗，照亮了他的写字桌。伯恩德对这个项目势在必得。至今，他的内心仍为特朗斯蒙塔尼亚的画面深深触动——然而他也急切地需要新的委托。德国市场未能如他所愿发展，此外两周前一个重要客户不幸破产。现在开拓国际业务刻不容缓。要是没有那讨人厌的科技该多好！伯恩德最喜欢和所有项目参与者建立紧密的私人关系。他每周都开车、坐火车或乘飞机出差，每天打数小时电话。他不喜欢空传、视通（FaceTime）、友通应用（WhatsApp）及所有类似程序。然而现在他不得不习惯这个网联的世界。

还好克劳德熟悉这些新技术。这个年轻的加拿大人早已对视频会议和网联合作习以为常。如果哪里出了问题，克劳德会帮我的。伯恩德想着。现在快3点了，马上要开始了。伯恩德有些紧张地又看了一遍他的会议议程。

与克劳德及安妮的第一次视频会议，对于伯恩德来说是一次不寻常的挑战。不过他相信自己已准备充分。

1. 项目的范围、时间和预算。
2. 设计经久耐用、抗震稳固的房屋。
3. 可能需要的资金来源。

伯恩德又看了一眼空传的用户界面。又是这些自动更新！还没来得及记住那些按键在哪儿，一切看上去又变了个模样。

15点整，伯恩德看到了克劳德和来自特朗斯蒙塔尼亚的年轻政府官员安妮的照片。克劳德首先打起招呼。

“嗨，现在是蒙特利尔清晨7点。我还躺在床上，所以最好把画面关上，免得你们嫉妒我酷炫的床单。”

“没问题。”伯恩德马上说。克劳德看起来如此懒散地对待这次重要的电话会议，这让他感到一丝失望。这时，年轻的亚洲女人也说话了。

“晚上好，先生们。还是说早上好？——就看您那儿几点了。我是安妮·谭。”

突然，安妮打断了会议，似乎在对一个孩子说着什么。伯恩德很不适应眼前的一切：克劳德还躺在床上，而安妮则带着她的孩子们。

“我能叫你安妮吗？”蒙特利尔那儿说道，“我是克劳德。安妮听起来有些……欧式，你说呢？”

“你好，克劳德！我的母亲是英国人，我在剑桥上的大学。”

“我能不能……”伯恩德想马上开始会议。

“哦，对不起，伯恩德，真的很抱歉，”克劳德假作激动，“你来主持会议，没问题。我现在闭嘴了。除非你逼我说些什么。”

伯恩德让两人看了自己的会议议程，接着他请安妮说话。她语速缓慢，用词考究。伯恩德觉得她的话听上去就像是唐宁街的政府发言人。特朗斯蒙塔尼亚政府在一次紧急程序中已经准备好了重建房屋的招标书，安妮解释道，时间紧迫，在下一个冬天到来前一切必须完成，否则将会有进一步的灾害。夏天可以把人们安置在帐篷内，但这在冬天是不可想象的。世界银行很有可能会支付材料费和当地工人的薪水，其余费用还没着落。项目管理、设计及国际员工必须区分对待。总理十分欣赏伯恩德重新建造抗震房屋的想法，然而如果没有资金来源，就只能继续采用传统的建筑方式。一切都还悬而未决。她说话的时候，背景里仿佛传来孩子的声音。突然，安妮中断了会议，似乎在对一个孩子说着什么。她的声音听起来温暖而亲切，几乎像在吟唱。

伯恩德想：真是巨大的挑战！他还是有些紧张，项目管理、对于世界某个角落里某人的妥帖设计的期待以及尚未解决的资金问题，这一切对他来说都是陌生的。但是他下定决心要坚持下去。这将是他在国际上的突破，何况他也无法将在被摧毁的房屋前哭泣的人们的画面从脑海中抹去。伯恩德会让克劳德打理慕课的事。虽然对于像他这样的德国企业家来说这一切听上去都十分冒险，但他已准备好开拓全新的局面。克劳德想通过众筹解决资金问题。伯恩德应该放手让他做吗？

"说到众筹，"伯恩德对着麦克风说道，"这方面我没有什么经验，而且也读到过一些相关的批评文章。请你们给我一周时间进一步了解，到时我们再看。"

"伯恩德，"克劳德插话道，"没有冒犯的意思——但是你现在逼得我不得不打断你。我想我们应该尽快招一位众筹专家入伙，确定参数，剩下的事就交给专家吧。"

"我也这么觉得，"安妮附和着说道，"我在伦敦的关系可以找到新型融资形式领域的绝对专家。以前我也曾用这个方法为旨在开发偏远山区农业的项目找到过资金。我来设定参数，最迟明天晚上用邮件给你们发去可能的合作伙伴的名单。"

安妮想要从伦敦找一位众筹专家入伙。伯恩德则觉得他是老板，应该自己解决资金问题。

"非常感谢你的提议，"伯恩德回道，"但是这个问题应该由我来解决。下面几天我就开始着手。一旦有什么进展，我就给你们发邮件，到时我们可以约定下次电话会议的时间，讨论参数，并最终决定资金方案。”

伯恩德再次道谢，并以美好的祝愿结束了此次电话会议。议程上的内容都讲完了，尽管如此，他仍感到些许不快。一方面他挺喜欢安妮——她看上去十分自信，接受过顶尖教育，拥有国际关系网，而且对工作全力以赴。但是，作为项目发起人，筹集资金确实是自己的任务。他不习惯自己做老板时，其他人过于积极。在会议过程中，有好几次他都感到另外两人有些自以为是，这完全不适合他。

克劳德斥责伯恩德自以为是、消极应对的行为。他建议他找一位导师，但是伯恩德认为自己不需要指导。

这时空传的通话声又响了起来——是克劳德。伯恩德有些生气地按下绿色按钮。

“你疯了吗？你刚刚说的是什么？”克劳德看起来似乎真的怒火冲天，伯恩德至今还从未见过这个年轻有为的建筑师露出这样的表情，“你怎么可以这么独断专行，阻止想要承担任务的人？谢谢你的提议，但这应该由我来解决。天哪！你这样是没法领导远程团队的，至少没法按时完成任务。当你的团队成员斗志高昂，想要贡献自己的专业知识时，你应该予以鼓励，放心让他们做。”

“我怎么知道能不能信任安妮？我是很想这么做，但是我又不了解她。”

“那你就预支她信任，这很难吗？等到我们的团队完整了，自然会见面了解。”

“我该让来自世界各地的人飞来一起喝咖啡？我以为你和你的远程团队是通过网络工作的。”

“等我见过并熟悉他们以后才会这么做。”

“我觉得我们现在没有必要这么铺张浪费。现在的每分每秒都应该用来解决项目工期和资金筹备的问题。”

“天哪，你让我想起了和我一起做巴基斯坦项目的那个美国教授。不知什么时候开始他就失去掌控力了。”

“你觉得我没有掌控力？”现在轮到伯恩德勃然大怒了。

“放轻松，放轻松，”克劳德安抚道，“现在还什么都没发生呢。但你应该换个方式。最好像那个美国人一样，参加一次辅导或找一个导师。巴基斯坦项目的那位导师绝对是个专家。他叫保罗，曾经是一家跨国巨头企业的首席信息官，快50岁了，看护照应该是个英国人，但长期生活在加勒比，而且不久前还经常去——你猜哪儿？喜马拉雅山脚下的西藏！似乎是灵魂洗礼之旅。但本事是货真价实的！最新技术流派。他定期帮助国际及跨文化团队进行合作。”

“谢谢，克劳德，我觉得我没问题。”伯恩德冷静地说。

“是，你当然没问题，我完全不怀疑你。但是保罗是个天才！为了巴基斯坦的项目，我们和他开展了一次为期两天的座谈会，团队的五人都参加了。你简直不敢相信发生了什么。我们是第一次见面——两天后就仿佛是多年老友，而且每个人都有了一个清晰的目标。这是我们的转折点，之后的团队管理便畅通无阻。我建议我们的团队一成立就请保罗来开一次会。

导师保罗和克劳德在一次项目中开展了为期两天的座谈会。在那之后所有人就亲如老友，且每人都有了清晰的目标。

“克劳德，我不需要辅导，不需要导师，不需要心理讨论会，更不需要生意大师的净化旅行！我精通自己的专业。相信我，我们的预算十分有限，最好还是投入到那些能有快速产出的事情上，而不是去环游世界，浪费两天时间相互介绍。”

## 相互了解才能彼此信任

想要领导远程团队，必须摒弃老的习惯，且必须学会信任。

对伯恩德来说，与国际远程团队进行的第一次电话会议是一次不寻常的挑战。他充满斗志，想要尝试未知，突破自我。然而他并没有完全跳出旧日的传统。他职业生涯的绝大多数时候是在等级森严的机构中度过的，接触的也多是现场团队。这给他打下了虽有些教条主义，但直截了当的“德国中层阶级”管理方式的烙印。伯恩德很想信任从未谋面的安妮，但知难行易。他习惯事无巨细的管控。伯恩德在他新组建的远程团队中面临的最大问题便是他倾向于微观管理。克劳德斥责他傲慢的姿态和自以为是的表现并非全无道理。

像伯恩德这样的领导者有很多，他们一只脚站在旧世界里，另一只脚则伸进了全新的电子网络世界。旧世界赋予他们安全感，在那里他们博学多识，经验丰富；新世界吸引着他们，却很快令他们不安。难道可以就这么躺在床上开电话会议吗？主持人没指名也可以随时插话吗？许多经理人试着把旧知识对应到新的情境中，他们以为跨国界跨文化的远程团队与习以为常的当地团队的合作本质是一样的。这是错误的观念。想要领导远程团队，必须摒弃老的习惯，只有这样才能使远程团队成为远程团队。

## 远程团队中的领导：成为“推动者”而非管理者

伯恩德该怎么办？领导者自身能如何改变？首先，反思他的角色和态度尤为重要。比起现场团队，远程团队更致力于区分三个“W”问题：为什么、什么及怎样。言简意赅地说，“为什么”是领导者的核心任务，“什么”应由领导者和团队共同讨论得出，而“怎样”最终则必须由每一位团队成员自己决定。这具体是什么意思呢？“为什么”是大目标，是整体的意义与目的。开宗明义是领导者要做的事。伯恩德想要为特朗斯蒙塔尼亚的人民建造安全抗震的房屋，他向远程团队所有成员表达了这一决心。同时他对“什么”还不甚了解：为了达到目的要做些什么？如什么样的房子是合适的？领导者应和他的团队一块找到类似问题的解答。

“为什么”是领导者的核心任务，“什么”应由领导者和团队共同讨论得出，而“怎样”最终则必须由每一位团队成员自己决定。

最终的“怎样”需要信任和放手。要相信每位成员都是他所在领域的专家，是对“怎样”，即具体实施最为了解的人。假如安妮已有过众筹经验，且具备相应的人脉，伯恩德就应该放手让她做。他应该询问安妮入手时还需要他提供什么帮助。远程团队中的领导者应该是“推动者”，而非管理者。道路畅通时，老板就不需要插手。伯恩德愿意改变，但问题是他缺乏信任。在彼此充满信任的环境中人们才能激发自己最大的潜能。信任及充满吸引力的共同目标是团队成为强队的关键。因此领导远程团队即意味着：鼓励、授权及确定共同目标。信任如何产生？首先是彼此见面了解。

## 聚焦个性：为什么要关注个人层面

在远程团队中，相互了解尤其重要，但这不会自然发生，必须特意安排。

我总是听到远程团队的领导者说：“反正工作时彼此都看不见，为什么还要浪费金钱安排见面？谁要想认识对方，私底下约见就好了。”这也许是远程团队管理者所犯的最大错误。因为觉得现在一切都是“虚拟”的，以至于他们忽视了个人层面。可是人不是虚拟的！远程团队中很少有机会进行非正式交流。绝大多数的电话会议都只是专注地讨论正题。与现场会议相反，电话会议的参会人没有机会在会前或会后聚在咖啡机边互相交流。什么时候才能互相了解，说着各自的兴趣爱好，或人生经历呢?

许多管理者没有充分了解远程团队成员间的个性特征，他们并不关注成员们独一无二的个性潜力，往往没有意识到这可能恰是将团队业绩提高到前所未有高度的最关键因素。很多时候团队中的成员甚至是匿名的，他们被视为资源对待利用，按一下按钮就该产出成果。然而没有人能在遭受非人待遇的情况下激发自己的全部潜能。正是因为地理距离遥远，没有彼此沟通的自发契机，交流了解才格外重要!

**小心陷阱!**

在远程团队的开始阶段有一系列的典型错误。如过度的不信任、控制欲及微观管理。其背景原因往往是个人层面被低估。然而这在远程团队中比在现场团队还要重要。

远程团队的领导者不应指望团队成员通过某种方式私底下彼此结识，这种情况太少见了。想要依赖巧合是无望之举。与之相反，领导者应当尽早安排成员见面。也许最初的激情能让团队顺利进入正轨，但最晚到出现问题时便能看出团队成员间是否彼此信任、相互依赖。因此即使开销庞大，也值得安排见面，等有朝一日信任成为前进的决定因素，付出就会得到回报。有时由于团队过大、分隔太远或预算实在不允许，也可能导致无法成行，遇到这种情况，至少要进行一次聚焦个人事务的电话会议。

## 信任的两个方面

团队中的信任始终有两个方面：对职业能力的信任和对个人性格的信任。如果我了解某位团队成员的知识与经验，就能托付他完成艰难的任务。我对自己说：这个男人或女人能胜任——那就去做吧！这是对能力的信任。此外还有对性格的信任：如果我和一位成员私交甚好，我就知道他的长处与短处，也清楚他的软肋。如果有一天员工表现不佳，而我知道其背后的私人原因，我就不会立刻失去对他的信任。

也就是说，您越了解您的团队成员，越清楚令他们感到在意、愉快或干劲十足的事，您就能越好地远距离领导和支持您的团队。

**自省问题**

· 您了解您的远程团队中所有人的兴趣爱好、生活状况和长处吗?

· 员工独一无二的个性在您的团队中是否得以彰显?

· 您怎样与团队成员保持活跃的个人联系? 这如何能成为成功的基础?

## 带来突破的座谈会

我作为经理的第一个跨国项目是为一家企业在20个欧洲国家开设分公司。目标是信息技术管理的统一化。最初的激动过后，项目进展变得越来越艰难。我意识到自身也存在问题。我施加了过多的压力，团队也不听话。在那之后我和所有员工共同组织了一次为期一天的座谈会，会上所有人都得到了展示自我的机会。过去书面或电话会议形式的自我介绍从未真正起过作用，而研讨会后团队的绩效曲线便直线上升。成员间的信任感增强了，沟通也顺畅不少。在那之后，我始终努力保证个人谈话渠道的畅通。

在早年的职业生涯中，我便认识到相互了解有多重要。今日我建议企业：不要等到危机来临，而是在远程团队建立伊始就开展相互了解的座谈会。如果因为组织工作或资金原因而无法实现，至少也要举行一次网络会议（如视频会议）。用相应的软件也可以实现与会者之间绘画、照片或视频的传递。要是您的团队规模太大呢？那就缩减到核心团队，即领导者团队，请您确保他们之间有密切的私人关系。

### 座谈会的具体执行

为了旨在让相互了解的座谈会顺利进行，我建议采取一个经长期实践证明是行之有效的方法。请您让每位团队成员准备两份幻灯片进行自我介绍：一份幻灯片展示职业上的“生命曲线”，另一份则关乎个人生活。除了用PowerPoint、Keynote或Prezi做的幻灯片以外，还可以现场在白板上画图或投影。关键是参与者要分别展示自己的职业与个人轨迹。如果愿意，可以在最后把两条曲线叠加比较。这特别有意思！请您让最有勇气的人先开始。慢慢所有人就会彼此信任了。职业曲线往往不如个人曲线有意思，尽管如此我还是每次都为大家的故事感到惊讶。如有个人最初想当演员，另一个人之前是记者——其他人永远都不会想到。光是这些就足以成就诸多话题。

> **方法：**
>
> 请您办一次讨论会，让每位团队成员展示其职业及个人生活的轨迹。请把重心放在他们最重大的成功或最艰巨的挑战上。

个人的“生命曲线”是最重要的。我往往鼓励参与者不仅展示令他们自豪的瞬间，也要分享他们面临过的最艰巨的挑战。最自豪的瞬间可能是运动会摘得奖牌，或业余厨艺大赛赢得名次等。有一次，团队中有一人是世界遥控模型轮船比赛的冠军——我从不知道还有这种东西。另一名团队成员称自己最大的挑战是教育他患有自闭症的孩子。所有人都为之感动。此外，分享照片或视频效果往往出奇的好。多亏了智能手机，如今座谈会也可以如此生动活泼。

有一次，我主持的座谈会上坐着一名年轻男子，他是一个德国非营利机构的理事会成员。他的职业“生命线”稳步上升，而个人生活则经历了一些相当失意的低潮（见图表2）。他的父母在他5岁时分开了——这是图画中的第一个低谷。他说起自己先是当选班长，接着积极参与地区政治，最终在一次与联邦议员的讨论中迎来“突破”。当他晚上告诉母亲这一切时，她却哭得不能自已。在同一天她被诊断患上了癌症，个人的生活曲线急剧下降。

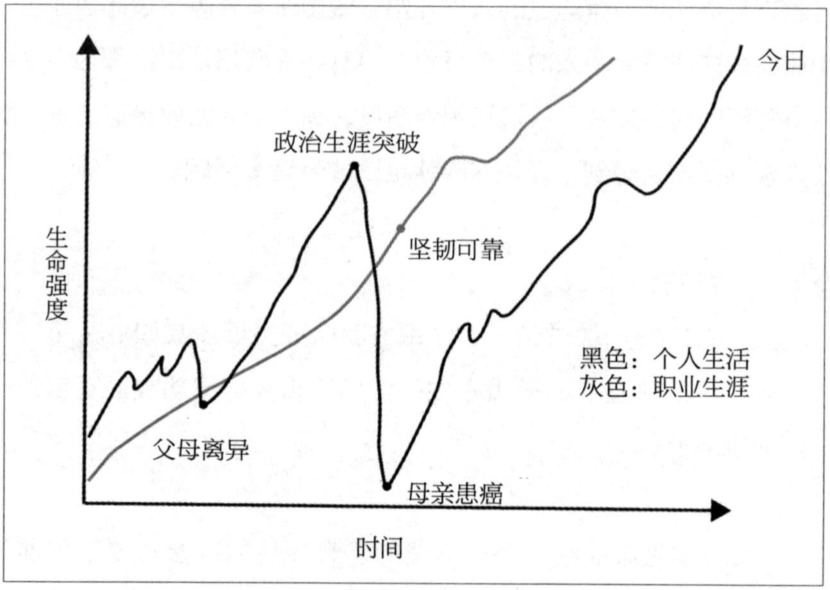


图表 2　研讨会中某人的职业与个人生命曲线示意图

这个年轻男子继续他的政治生涯，同时也从不曾远离母亲。即使不是每天见面，他也至少会给她打电话或通过空传聊天。尽管他的个人生活曲线几乎是又一次从零开始，但恰恰是这一处境历练了他的性格坚韧性，这也是日后团队成员们非常欣赏他的地方。座谈会令团队中的所有人都认识到了这其中的关联。

### 座谈会进展顺利的关键

意在相互了解的座谈会的奥秘是什么？团队成员们展示自己的高峰与低谷。他们着重介绍自己最大的成功，也就是他们最为自豪的时刻。这特别鼓舞人心！突然团队中的每个人所取得的成绩和所战胜的挑战都一目了然，大家感到无比骄傲。他们认识到：过去我已经成绩斐然，所以现在团队中产生的挑战也能一并解决。

在10到15分钟的时间里，成员们发现了触动自己内心的事，也分享了每一位同事的心路历程。此时，预示着将来硕果累累的人际关系的种子便已播下。即使是一起共事了15年的现场团队成员，也会惊诧于通过这种方式所了解的对方。

**破冰座谈会的参考议程**

1. 生命曲线练习
2. 发现个人特长
3. 讨论制定目标
4. 总结路线图目标
5. 制定系统沟通规则
6. 每位团队成员的个人承诺

光有彼此了解是远远不够的——但是它为远程团队间的信任奠定了基础。领导者的任务是跨越地理距离促进队员间的个人联系。座谈会使大家得以在各自职业与个人生命曲线的基础上认识到每一位团队成员的独特优势。以此为框架，每位成员都将承担起符合自身长处的个人目标。所有人都是独一无二的，他们将为一支远程团队的成功做出自己不可或缺的贡献。每个人都是一颗星——当优势与目标相符时便会闪烁着耀眼的光芒。

## 采访托尔斯腾·布吕泽

托尔斯腾·布吕泽曾是顶级经理人，他的上一份工作是一家拥有6万名员工、年销售额将近200亿欧元的大型跨国公司的“信息技术服务部主管”。这家公司总部在英国，在全世界180个国家设有分部。托尔斯腾的办公室位于吉隆坡，他从那儿直接向公司董事会的CIO（首席信息官）汇报。每天全球有超过4.2万名员工要与托尔斯滕负责的信息技术打交道。他最大的成就是将全球信息技术统一化管理，并引入了云服务。托尔斯滕领导着由来自150多个国家的成员所组成的团队，他的改革项目为公司省下了数亿欧元。但是，托尔斯滕给我留下最深的印象却是他始终如一的谦逊。正是基于这一态度，他才能尊重地对待世界各地的每一位团队成员。

### ■ 你是谁？你在做什么？请描述一下你自己！

我今年52岁，已婚，有两个儿子，住在汉堡附近的一座小城。在工作与家庭生活之余，我喜欢亲近自然，通过跑步、骑车或徒步漫游来保持身体的良好状态。身为德国人，我自然对赛车十分着迷，美食（不仅仅是酸菜和香肠）和美酒也是我的心头爱。

许多许多年前，我在大学学习数学和信息技术，在那之后我曾在不同的企业工作过，包括不超过五名同事的超小型公司和拥有6万余名员工的跨国巨头。如今我已经单干了一段时间。在IT行业我扮演过许多角色——分析员、数据库管理员、程序员，一直到项目经理。在过去的20年间，我的职业重心则是领导跨国团队。

未来我们必须更多地在网络中思考与工作，这自然而然导致了无国界、无等级的团队的出现。

几个月前，我决定改变自己的工作方式，开始休假。我还有很多事想做，不想等到年纪大了，退休了再去实现。我认为大型企业中的传统工作方式和职业规划已不再是应对这个世界挑战的最佳答案。未来，我们必须更多地在网络中思考与工作，这自然而然导致了无国界、无等级的远程团队的出现。

■ 你有哪些与远程团队合作的经验?

20世纪90年代末，我就与坐落在美国、英国、荷兰、意大利与德国的远程团队共事过。我们一起服务全世界的客户。那时我们主要是做项目，开发IT系统并提供技术支持。20世纪90年代末期信息技术中的开源代码十分流行，现如今，这些远程团队终于可以证明自身的巨大潜力。

“全新的领导方式”对我来说意味着管理者善于对自由职业者、咨询师、外服公司员工及客户施加影响。

从那时起，我便不断积累与远程团队的合作经验，渐渐地就不再是纯粹的项目团队。我也曾领导过线性管理的远程团队，不断地超越地理界限、时差与文化差异。最终我的上一支团队分布到全世界60多个国家，涉及城市更是不计其数。

对我来说，远程团队的成员就是要分布在不同国家，拥有迥异的背景。我还要补充一点：今天的团队不仅在不同地点办公，而且成员也来自越来越多不同机构。在许多项目中，除了公司自己的固定员工，还有许多自由职业者、咨询师、外服公司或合作伙伴的员工，很多时候甚至还包括客户。

我在信息技术服务领域待了十多年，在这个行业中，外包服务扮演着非常重要的角色。因此领导者必须学会信任外包公司。有时候合作公司的员工是自己公司的两倍甚至三倍。因此对我来说，“全新的领导方式”意味着管理者要善于影响带领这些人，为了实现目标，所有人都同样重要。

■ **您作为管理者与企业家所取得的最为自豪的成就有哪些?**

在过去的5年中，我们集团对信息服务进行了重大改革。在这一项目开始前，我们为世界180个国家超过4万名用户提供五花八门的技术支持。我们的目标是大刀阔斧改革几乎所有的计算中心、网络、呼叫中心和软件服务，尽可能将它们集中起来。我们把服务转移到外包公司，调整了进程，以此使整个体系更加高效。这不但节约了许多成本，而且成就了一个更为精良灵活的组织。我们的目标是适用于未来的技术与服务，且这一巨大的变革必须在不中断商业运作的前提下实时进行。这是一场在敞开的心脏上执行的手术，至今全世界只有极少数公司有成功的案例。

当时有好几百人参加了这个项目，他们在不同地方，来自不同企业，且背景各异。这真是极致的远程团队！就在12个月前我们成功完成项目，取得了预期结果，而公司的运转没有受到任何影响。相反，服务质量和所谓的“信息技术的无声运转”都得到大幅提升。

这是一个依靠优秀的远程团队才有可能实现的重大成功案例。相互交叉的目标、所有层面的杰出贡献以及一帮现场的无名英雄把整支团队牢牢团结在一起。当然，还有庆祝成功的盛大派对。

■ 你怎么激励你的团队?

我认为在激励团队或个人前，必须确定最基本的东西是正确的。比如你要首先创造一个能让人们相互信任、畅所欲言、敢于尝新且融为一体的环境。我认为积极、鼓励的氛围意义重大。心存恐惧的员工很难被激励，自然无法交出最佳答卷。

人们都想获得参与感。因此，我试着尽可能地和员工们分享知识与信息。这么做就能创造信任的氛围，所有成员也能学会彼此分享知识与信息。

在很多团队中，目标不清会传播沮丧的情绪。因此，为了避免混乱，要确定目标如明镜般清晰，并且与公司的更高目标保持一致。如果可能，应当由整个团队共同制定年度战略目标与个人发展计划。

在个体需求方面，应当注意及时认可并奖励出色的工作。这里我指的不是钱，我的意思是尽可能多地在众人面前表达认可。与此同时，对待糟糕的表现和问题也要开诚布公，但这样做最好是私底下或小范围内进行。我看到的反面例子太多了：员工私底里得到表扬，却在众目睽睽之下被批评。

可能的话，应当由整个团队共同制定年度战略目标和个人发展计划。

我相信只要营造积极氛围，并提供足够支持，团队与个人就都会喜欢竞争与挑战，这样每个人都有赢的机会。这确实能促使人们去超越极限，突破自我。

最后，很重要的一点是，设立具有挑战性的目标后，应当激励团队跨越界线，一旦最后目标达成，一定要庆祝胜利——是的，要让员工们觉得乐在其中。以上便是能将团队成员更紧密地团结在一起的最佳前提条件。

### ■ 如何确保团队中所有人都毫无隐瞒，全力以赴?

总的来说这是个好问题，尤其是当你在遍布世界各地的远程团队中工作时。首先，从性格和文化上看，人是千差万别的，有些人十分外向，有些人则沉默寡言。但是一支团队的差异性恰恰是它最大的资源。所以，最初下判断时一定要小心谨慎，不要仅仅因为某人在讨论或电话会议中不够活跃就认为他有所保留。

领导者应当明确团队目标和每个个体能够提供的价值，确保个人、团队及作为领导者的自己定期评估工作进展，提出改进需求并保证团队成员相互支持直到项目顺利完成。

**对于那些可能不善表达的人，应当在开会前与之沟通，请他接受这些额外任务。**

随着时间推移，会出现各种各样的情况和问题。这是请求团队中的个体承担额外职责的绝佳机会。对于那些可能不善表达的人，应当在开会前与之沟通，请他接受这些额外任务。

如果真的有人在目标受挫时不愿提出意见或拒绝承担支持团队的额外工作，领导者就有责任及时、清晰地和他说明问题。如果这样还是没有效果，那么为了提高他的工作效率，对所有人来说最好的解决办法就是为他寻找一个新的角色。

有几件在远程团队工作时十分重要的事。因为不是所有的同事都在隔壁办公室，因此那些在同一幢楼里或者至少在同一座城市办公的成员就背负着更多责任。现实的A团队与远程团队只有各自提供最大化的绩效才能正常运转。效率低下不再是领导者一个人的问题，而应该在整个团队中开诚布公地讨论。

最后重要的一点，独自坐在家中，作为地球另一端某个团队的一员交出出色的成果可能不是每个人都能做到的。当领导者用书中的办法管理与激励员工时，每个个体也应当具有高度的纪律性与自我鞭策。这对于独自在家工作的人尤其重要。

■ 你们公司的成功秘诀是什么？

这个问题很难回答，我认为没有什么秘密。要说有，我觉得我的成功是因为相信我的员工。在信息技术的世界有众多工具、流程与规则，我们掌管着公司每一个部门都赖以生存的软件与硬件。尽管如此，最终一切还是应该以人为本、以人的管理为核心。

在网络世界中，若仍以产品与进程为重，缺乏对人的关注，就会存在一定风险。本身远距离管理员工的客观困难是原因之一。因此，我一直努力做到真诚坦率，这通常可以营造一个能让人们感到安心、能畅所欲言、与他人分享成果与决心的充满信任感的环境。在这个环境中没有人会因为性别、年龄或肤色而受到歧视。

通过这种方式，我总是能成功组建关系密切、彼此信任的多彩团队。此外我还是一个非常看重结果的人。关键不在于我们所有人都心情愉快，感觉良好，而是为此创造先决条件，设立充满挑战的目标，与团队一同不断向更高处攀登。

■ 怎样确保分散各地的员工有效沟通？你有哪些沟通方式？

我的工作是由少量现实会议与定期的网络会议所组成的。当团队面临充满挑战的目标或会为整个机构带来巨变的艰难改革时，人们最需要的便是团队成员间的抱团，即团队精神与信任。

虽然日常事务中的许多问题都可以通过网联方式解决，但是我仍坚信现实会议对于团队凝聚力的非凡意义，尤其是在一项艰巨的任务开始之初或组建新团队伊始。

在我看来，现实会议的形式并非独一无二的专利发明，它更多的是团队间的互动会面，研讨会、单独谈话、团建活动乃至庆祝重大胜利的派对等的组合。虽然个人会议是所有参与者达成共识、互通信息的最佳场合，但我如今愈发重视这些会议与拜访的非正式部分。只有熟悉每一位成员的个性与经历，才有可能建设一支优异团队，因此现实会议提供了了解团队成员成长经历、文化、个性、梦想、抱负及忧虑的绝妙机会，前提是管理者本身也必须同样坦诚地展示个性，倾诉往事。

**我坚信现实会议对于团队凝聚力的非凡意义，尤其是在一项艰巨的任务开始之初。**

虽然人们很愿意前往公司总部，但是管理者亲临员工工作与生活的场所也同样重要。在熟悉的环境中，人们往往更加开放，只要注意观察，就能获得许多在总部不可能获得的认知。

如果只能偶尔见面开会，定期与全世界的团队成员进行沟通就更为重要。每年我们都会设定一个全年沟通计划，必要时可做参考。若遇需要立即沟通的突发事件，该计划应被视为指导方针，但并非一成不变的规定。

我们全公司的沟通方式是视频会议（播客、网讯）、订阅通知及私人消息的结合体。虽说这也不是什么创新或独特的方式，但我仍想说几点建议：

在进行大型电话、视频或网络会议时，自然应当注意参与者所在的时区、时差及他们的日程安排。因此我们经常会在同一天为亚洲、澳大利亚和南美、北美的与会者安排两个不同的时间。我们会对会议过程进行录制，那些未能参加或还想重听某些部分的员工可以事后通过网络调取资料。

有数百人参加的会议很难以对话或问答形式展开，尽管如此，还是有一些增强互动性的办法。如可以通过电子邮件、即时信息或其他沟通渠道提出会议将要讨论的相关问题，或在更大的场所进行电话会议，以便容纳更多参与讨论的员工。

所有人都是有感情的，他们需要的不仅仅是事实与信息。管理者应当考虑如何在沟通中融入人文色彩。

在网联环境中工作的员工没有机会了解作为“人”的领导者，但是所有人都有感情，他们需要的不仅仅是事实与信息，这意味着管理者应该始终思考如何在沟通中融入人文色彩，并真心实意地加以实践。以我为例，每两个月我会亲自给自己的员工发一条短信，短信内容自然是最新的业务发展、重要的活动及其成果和不足。但同时我也会写一篇关于自己的文章，有时关于家庭，有时则是运动或假期。每位领导者都可以想一想对他来说什么是重要的，他想要分享些什么。

最后，我也会进行私下的沟通。我们始终鼓励员工给予反馈，提出改善建议。在我们的工作氛围中，中层领导并非神圣不可侵犯，员工也可以越过他们寻求更高层管理者的帮助。关键在于只倾听员工想法，不要理会中层领导所做的决定。想要创建这样的氛围，就必须敞开所有的沟通渠道：电话、电子邮件、即时信息、网络及视频会议。不同的人出于不同原因会倾向于不同的沟通渠道，重要的是领导者给予回应。不仅仅是一人，整个领导团队都应达成共识，否则其中一人的电话和邮件就该被淹没了。

管理者经常害怕看不到的员工不好好工作。有时他们会因此成为微观管理者或控制狂。你怎样监管你的员工？你是如何做到令所有人都尽其所能？

这个问题的一部分我已做了回答。下面我再来说几个对于管理者十分重要的观点。

我们今日的许多管理方式都产生于20世纪上半叶。当时的重心是大批员工以合适的节奏完成手工工作，保证工厂正常运转。那时的工作有损健康、无聊且令人感到沮丧，因此需要监管机制“督促”工人，这在当时也是有道理的。如今我们需要的不再是人们的手脚，而是大脑。因此，检查某人的身体是否出勤毫无意义，因为很有可能他的脑子完全不在工作上。

检查某人的身体是否出勤毫无意义。领导者必须控制目标的实现情况。

把时间与出勤作为管理的基础已没有现实价值。人们必须突破自我，设立清晰的目标。关键是数字与结果，只有这样，才能看出员工是否实现目标。也恰恰是这一点，即目标实现情况，才是管理者应当监管的地方。

因此，定期与团队一同检查进度非常重要。通常每月一次就够了，若有特殊情况则另当别论。如，有员工需要特殊帮助，或某人正经历艰难的时刻。我建议和全队一起定期检查目标，这样就能及时看出谁稳步前进，谁则落后掉队了，并按照需要重新分配任务。

此外，管理者应当反复重申其对团队及团队每位成员的责任。他必须为每项任务挑选合适的员工。虽然远程团队有着很大程度的自由与灵活性，但每位成员仍需承担相应职责与义务。如果有人无法适应，每天都需要激励与监管，那么我建议还是尽快换走他们，否则对整支团队都会产生负面影响。选对人对远程团队来说，比现场团队更重要。想要拥有一支优秀团队，就必须设立高要求并执行高要求。

总而言之，无论是远程团队还是其他什么团队，管理者的任务都并非监视检查或微观管理，而是选择正确的人选、制定清晰的目标及鼓舞整支团队。能做到这一点，那么管理者在绝大多数时间都是团队的推动者。这意味着扫清团队前进路上的一切障碍。

怎样才能让员工突破自我，如何确保团队取得比各部分总和更出色的成果？

简单来说，人们喜欢学习与成长，喜欢挑战与战胜挑战，喜欢竞争并赢得竞争。如果一项工作能使他们不断突破自我，取得卓越成就，并因此获得认可，得到表扬，那么他们一定愿意加入。

再进一步说，目标与目标设置是关键。管理者必须确认挑战足以促使员工离开舒适区，向未知领域进发。但是，如果目标不切实际，遥不可及，就会产生抵触、沮丧的情绪或受到嘲讽，这会导致非常糟糕的结果。

管理者必须确认，挑战足以促使员工离开舒适区，向未知领域进发。

我很愿意举跳高的例子。如果某人平常就能跳到2米，而纪录是2.03米，那么2.03米就不是什么有挑战的目标。假如我现在要求他跳过2.30米，他可能会觉得我疯了并拒绝尝试。但假如我建议他跳2.06米，那么他就会动力十足，更加刻苦训练。假如我把目标设为2.10米，同时雇用一名能指导他实现目标的教练，那么他的劲头就会异常高涨。同理，我会设定一个高目标，并尽我所能帮助员工实现目标。

此外，我的经验证明，如果团队中存在一些良性竞争，就会有很好的效果。如，谁能更快地提高销量，取得更高的客户满意度或更好地完成预定服务水准等。但是，一定要始终注意竞争的公平性，并保证员工在必要时相互扶持。

最后还得有一些奖励。有回报员工才会超越自我，不断取得优异成绩。其形式多种多样，金钱也扮演着十分重要的角色。但更好的方式是在独一无二的地点举行团队活动，比如一次难忘的派对或隆重颁发奖励等。简单来说，重要的是感受和庆祝成功。

### ■ 如何评价远程团队的未来?

远程团队、扁平结构及自然管理在未来将成为标准，这能带来更好、更快的结果。

从20世纪90年代起世界变平了。政治界线与其他隔阂渐渐消失，信息以光速传播，企业与消费者具备全球化视野，来自世界各地的顶尖人才可以为世界一流企业工作。

此外，为同一家公司工作20年甚至更长的美好旧时代已经远去了。如今，许多公司都未必能存在超过20年。一切将会越来越以项目为核心，员工、合作伙伴、网络以及团队只需共同工作6到24个月，随后便会产生新的团队。

公司越来越注重自己的核心竞争力，其他工作都由外包公司、咨询师及网络完成。

在我看来，一切都还是漫漫长路的起步阶段。远程团队、扁平结构以及自然管理在未来将成为标准，其带来的结果将比今日最奋进的现场团队都更好、更快。

# 02

## 第二章

# 全方位整合团队成员的理念与方法

五点半不到，伯恩德从梦中醒来，全身还洋溢着一股温暖的喜悦。他梦到了特朗斯蒙塔尼亚和那里微笑的人群。有一个小男孩整张脸充满着憧憬，用手指指着一幢造型简洁、建筑坚固的房屋。接着男孩仰起脸问一个男人："爸爸，这是我们的房子吗？"伯恩德闭上眼，好重温那些画面，此刻他的脸上也露出了笑容。一瞬间他恢复了理性，就好像有人按了一个按钮。他的脑海中闪过要做的事项单，单子最上方写着"搜索众筹：平台与最佳方案"。他感到焦虑在自己体内扩散，内心的紧张感驱散了喜悦感。

"开始吧，伯恩德。"企业家（伯恩德）对自己说道，"你完成过许多比这复杂得多的挑战。"然而，自言自语使压力更为巨大。他从床头柜上拿起平板电脑，关掉两分钟后会响的闹钟，打开谷歌开始搜索"众筹"。

浏览大量谷歌广告、平台简介及众筹信息链接时，他不禁想起安妮的话。难道她不是声称已经和某位众筹专家多次合作过吗？"无所谓了，"他想，"不管怎样我都得熟悉这些资料。"

检索了还不到五分钟，他突然想起更重要、更紧急的待做事项：

- 检索慕课
- 准备团队的下次空传会议
- 到法兰克福的建筑工地讨论问题解决方案

这时伯恩德的妻子维贝克被平板电脑的亮光弄醒了。她向丈夫道了声“早安”，在他脸颊上留下一个吻。

“我得走了。”伯恩德对妻子说道，“我一整天都该用来检索，但是我没有该死的时间。我讨厌团队里有人比我懂得更多。”

“为什么呢？高兴点儿……”维贝克想要反驳。

但是伯恩德已经跳下了床。他冲了个澡，穿好衣服，给自己煮了一杯咖啡，从冰箱拿出冰牛奶倒了一点，然后吞下了这杯半温的饮料。坐进他的宝马5系车时，天还没亮，上班的路还不是很堵。伯恩德不断变换着车道好开得快些。从办公室楼下的地下车库走出汽车时，他久违地感到力不从心。而这一天才刚刚开始。

伯恩德发现他无法同时领导团队、完成自己的工作和拓宽知识。他感到力不从心。

这是汉堡港口灰暗且干燥的一个清晨。伯恩德坐在被台灯灯光照亮的电脑前。这时，已变得熟悉的空传上发出了声音，克劳德容光焕发的脸出现在屏幕上。“克劳德的心情为什么那么好？”伯恩德边按下绿色按钮接通电话边暗暗自问。

“嗨，伯恩德，”克劳德没有寒暄便直切主题，“你还记得巴基斯坦项目中做慕课的那个纽约教授吗？我今天和他通过空传沟通了一下，他愿意支持我们。下次团队会议他就可以一起参与参数制定。然后就发出信息！你觉得怎么样？简直是一锤定音。”

“我还没准备好呢，”伯恩德犹豫地说道，他再次感到焦虑在心中上升。“一周前我就想检索慕课的信息，但现在还没开始。没有检索我就无法制定参数。”

队员们早就摩拳擦掌了，然而伯恩德还没准备好放手。作为领导的他想让其他人等他把一切都检索计划完后再开始。

“放轻松，让那个教授给点建议。我们知道想要什么样的房子，这就够了。怎样通过慕课获得合适的建筑方案，那是他的事。”

“你把巴基斯坦的事儿都交给他，一切都没问题吗？”

“那当然，他可是个专家。”

“对了，我们下次电话会议安排在下周三。”伯恩德说。他平缓地喘了口气，“我正在计划。你看看能不能到时从教授那儿拿来所有关于慕课的信息，给我们做个简短汇报。”

“没问题，老伙计。我们就像在美食店里一样搭建我们的团队，你发现了吗？下周安妮也可以向我们介绍她的众筹大事。我们已经起步了，很快就能有所产出。我的手指已经发痒了……”

“但是我还没有检索完，更别说制订计划了。让我下周三会议上再决定是否真的需要众筹，还是去找银行或是私募。”

“没问题，你说了算。但安妮和我现在已经准备就绪。我们都将为团队找来经验丰富的成员，真正的明星。只要给他们明确的目标，就不需要事无巨细地计划。你对这事儿要稍微放松点。把每个领域最好的人招入麾下，发誓效忠我们的目标，剩下的就让他们加足马力干吧。”

“行，行。”伯恩德说道，“你说得对。”

剩下的这一天，伯恩德十分忙碌。中午他飞往法兰克福待了几小时。视察建筑现场提升了他的肾上腺素水平，他会见了客户以及团队领导，做出决定并感到活力充沛。晚上在法兰克福机场登机回汉堡前，他还用平板电脑查看了邮件。一封来自安妮的邮件主题是

“众筹专家已准备就绪”。伯恩德打开信：

> 琳达是我在剑桥的大学同学，在过去的五年中她组织过数次众筹。她非常认可我们的项目，想参与其中。我和她已经合作过很多次了。琳达不但经验丰富，热情肯干，而且在全球金融界人脉广泛。她目前又回到她的家乡尼日利亚生活，在当地参与了许多改善基础设施的非营利项目。我要不要邀请琳达参加我们的下次电话会议？

伯恩德愣愣地盯着信。他听到了广播通知：“女士们，先生们，您乘坐的飞往汉堡的汉莎航空航班已准备登机。”但他依然坐着。刚才在法兰克福的会议完全符合他的预期，工地上的所有人都接受了他的建议。与之相反，网络会议让他有些摸不着头脑。他今天本想检索共筹，却什么都没做成。

“我现在陷入了瓶颈。”伯恩德沮丧地想。他慢慢站起身，走到检查登机牌的长队中。“想什么呢？”他自言自语，绷紧了肌肉。“今天晚上再花一小时在这上面就好了。”然而，与此同时他感到自己的身体不想再次坐到电脑前。

星期三中午，伯恩德坐在办公室里。厚重的乌云悬挂在汉堡上空。为了电话会议，他推迟了午饭。他很饿，再一次读到打印出来放在面前的议程安排时，甚至感到焦躁：

- 政府要求：范围，预算，时间节点
- 资金：世界银行以及部分众筹——琳达？

· 建造计划：克劳德的慕课教授，定义参数
· 现场工程队：等待安妮的反馈

下午一点，伯恩德准时发起与安妮及克劳德的通过空传召开的会议。比起不稳定的空传，回头我们还是需要一些更专业的通讯工具，伯恩德按下绿色按钮时想着。

这时克劳德也已经接通："来自加拿大的早安！我已经沐浴、剃须，换上了干净的衬衫。这可全是为了你们！"

接着，安妮也用她温柔的嗓音和牛津英语问候道："你好，伯恩德。你好，克劳德。"安妮穿着一件彩色连衣裙，头发盘成一个髻。

"嗨，安妮。嗨，克劳德。"伯恩德说道，"写了那么多封邮件后再次面聊真是太好了。今天琳达也会加入吗？"

"是的，我随时可以邀请她。"安妮确认道。

"克劳德，教授的信息都拿到了吗？"

"是的，老板！"

"好的，那就可以开始了。"伯恩德说道。确认所有人都通过邮件收到了会议议程后，他接着请安妮汇报进展情况。首先她确认建筑土地已经划定，军队正在志愿者的帮助下清理废墟。

但是有一个问题："世界银行的钱比预期要少。昨天我们的财政部长已经和我确认过此事。也就是说，我们很有可能需要额外的资助。招标现在已经开始。我们正在寻找当地有经验的建筑工人。在我看来，众筹是解决剩余经费的最佳方案。我现在把琳达加进来。"

"嗨，安妮。你们好，先生们。我叫琳达·欧格登贝−史密斯。

我曾负责过非洲各种基础设施项目的资金筹集工作。最近我们都是通过众筹解决的。我觉得我们这个情况也适用。虽然全球经济在衰退，但人们依然愿意为了善举而捐款，同时亚洲的购买力正日益增长，西方也可从中得益。此外还有一个条件：我们要为我们的项目进行宣传，而不能仅仅依赖于众筹平台。”

伯恩德打断了她：“琳达，您怎样保证我们的钱能全部到账？”他想知道，“如果不这样，那我们最后还是两手空空，不是吗？”

“到目前为止我完成了所有的募资目标，”琳达自信地回答，“有时我需要金融圈人脉关系的额外帮助，其他时候则是能干的广告团队为我提供支持，或者是两者的结合。”

“对不起，琳达，”伯恩德中气十足地说道，“您一定理解这一点对我们有多重要。您能发我一份写明目标完成步骤的具体筹资计划吗？”

“伯恩德，最重要的步骤是很清楚的，我很愿意写给您。但是在这一阶段所谓的具体计划还是有些不切实际。根据我的关系网的反馈以及潜在金主的最初反应，很可能还会更改执行方案。如果您已打算信任我，那我会证明给您看如何一路调整战略，最优化地适应目标。”

伯恩德向众筹专家琳达索要一份详细的筹资计划。否则他无法信任她。

伯恩德又感到一阵焦虑。他不了解众筹的运行机制，因为他没有足够的时间仔细检索。如今要他相信一个非洲女人可疑的关系网，对潜在金主的反应也全然不知，伯恩德无法适应。

“这样吧，琳达。请您尽可能详细地描述一下您的计划。等我看到计划，我会和您私下通话，到时我再决定。下周一行吗？”

“当然，没问题。周一格林尼治时间下午2点起我都可以。”

伯恩德重归平静。“好了，女士们先生们，”他开始说道，“议程的下一个议题是抗震房屋的建造计划。大家一定都记得，我们计划通过一门大型网络课程向全世界数千名大学生发布任务。”说起这事时，伯恩德内心又开始不安。“克劳德认识一位教授，他开设了慕课，并以此在巴基斯坦取得过重大成功。克劳德，你能简短说说慕课能怎样帮助我们得到建造计划吗？”

慕课将在六周内提供数千份建筑计划。它们能满足要求，同时考虑当地传统吗？

“当然！”蒙特利尔传来应答。克劳德看上去心情大好，“我们将会开设的慕课名叫‘为特朗斯蒙塔尼亚建造抗震安全、价廉物美的住房’。我的一个朋友会安排好一切。他是纽约城市大学的教授，与联合国合作密切，同时还开设着其他慕课课程。我们的慕课为期六周，大学生们通过教授的视频讲座课获取最新的专业知识，同时必须完成各项作业。大学的整支团队会在线给予学生反馈，然后学生们再自发组织5至10人的团队进行设计。这些团队将一步步制定一个完整的旨在坚固抵御自然灾害，同时节约成本的建造计划。最后由教师团队和所有学生投票选出最佳方案。教授会无偿让我们使用这些方案。你们还有问题吗？”

安妮接话道：“既然你已经在巴基斯坦获得了重大成功，那么我高兴地欢迎这种方式。但还有一个问题，在计划正式敲定前，我们应当如何纳入当地的建筑工人，又如何保证人们会考虑我们的传统以及我们这儿常见的材料？”

“这是个很好的问题，安妮，”克劳德回答道，“我会问一下教授在整个过程中如何让特朗斯蒙塔尼亚的人们作为顾问加入我们。这周末我会告诉你们教授的想法。”

伯恩德的脑中一闪而过：“哦，不！还有一个必须掌控的关键：

建筑系学生和特朗斯蒙塔尼亚的传统建筑师！”接着他让安妮说说最后一点议程。当地的建筑队究竟什么样？安妮解释说招标刚刚公布，但因为情况紧急所以会加快进行。她相当确信很快就能召集足够的建筑工人。尽管如此，可能还需要很多来自中国的工人。这一工程对于特朗斯蒙塔尼亚的建筑行业来说显然负荷过重了。

伯恩德最后做了总结并感谢所有参与者。大家约定三周后找个时间进行下次电话会议。

汉堡现在是下午两点。会议进行了一小时，但伯恩德却感觉相当漫长。他还从来没有必须同时专注在那么多件事上。他想起自己还什么都没吃，然而现在他太紧张了，吃不下任何东西。他觉得得再给克劳德打个电话。

“伯恩德，你这个电话恐怖分子！”加拿大人接起电话，“你能不能好心地让我吃个早饭！如果现在我不马上喝第二杯咖啡的话，就得失去意识了。”

“就五分钟，好吗？”

“当然啦！我只是开个玩笑。刚才的电话会议真是太棒了，你不觉得吗？我们拥有这些天才。天哪，我们一定会乐在其中，那些房子，我告诉你，那些房子会引起轰动的，全世界都会争相报道。我有明确的预感。”

“我真希望自己也能分享你的激动，克劳德，”伯恩德说道，“但是我怕我这儿恰恰相反。我非常担忧。”

“为什么呢？”

“我们想做众筹，但是我不知道应该怎么做。突然出现了一个琳伯恩德还是满腹疑虑，因为他既不认识全部参与者，手头也没有具体计划。他很难承受这种不确定感。

达，却不能告诉我她的计划。还是说她不想告诉我？然后我们还要继续慕课——但是谁来保证结果呢？现在特朗斯蒙塔尼亚的建筑工人也可以发表意见了。我觉得他们只是造房子的！当地的传统习俗是什么，这个我们检索一下就行了，不需要他们也来插上一脚。这样我最后还怎么把控每个人的职责？"

"你想得太多了。你的团队可是巨星云集！所有人都有在全球团队工作的经验，所有人都了解这些常见的不确定性。你告诉他们为什么要做这些事，现在你又开始担心他们怎么做。他们早就知道了。我是说他们和他们的关系网。你的工作是为了一个巨大的目标把所有人集合起来。现在大家都斗志高昂，每个人都在为我们的项目做着贡献。至于具体执行——也就是怎么样——最终还是得由每个人自己决定。你不能总在后面跟着。给他们信任，你会大吃一惊的。"

"我也很想信任他们啊。"

"伯恩德，为什么不能让所有人见面两天呢？只要你熟悉了这些人，就能更信任他们。这样你能看到更多角色背后的真实人格。此外我们还能确定每个人的个人目标。"

"在资金和众筹搞定前，我不会见任何人。"

"好吧，看来你还是不喜欢见面的想法。我现在最好去吃些东西。五分钟已经到了。"

## 当今远程团队的诞生之道

在过去，光有天才的想法和美好的愿景是远远不够的。不认识对的人，就几乎没有机会实现自己的梦想。今日，想要得到全世界的专家团队已不是问题。有了网络，所有人都能彼此相联，随时在线。人们把专长展示在自己的网页或像领英、星（XING）之类的社交网络上。通过电子邮件和即时信息可以随时找到任何人。很多时候，一个专家又拥有由其他专家们组成的在线关系网。如果自己遇到阻碍，可以立刻让其他人加入。组建一支全球专家团队从来不曾这么容易过。同时，这也意味着：当今重要的是想法与愿景。愿景越迷人，目标越有益，就越有可能鼓动全球精英中的精英。一个好想法自然而然能吸引最顶尖的人才，这一规则变得越来越普遍。

如今，企业家、经理和非营利机构的责任人面临的挑战不再是找到顶尖人才，而是说服他们相信自己的理念，通过目标奖励把他们集结起来。想要做到这一点，就必须组织有效的合作，即创建真正的相互协作的结构，同时营造一个员工彼此信任的氛围。最后还要鼓舞团队，令每位团队成员都愿意突破自我。只有这样，才能取得重大成功。

今日的挑战不再是找到顶尖人才，而是激励他们为了共同理念而努力。

伯恩德就是那个认识到并决心好好利用机会的人。他最重要的商讨伙伴首先是克劳德。这个加拿大人是个典型的关系工作者，这类人有许多活跃的人脉，也就是说他们很喜欢维护人际关系，无论这份关系目前对他们来说是否有用。他们最爱的一句话是这么说的：“也许我们有朝一日可以一起做些什么。”有时很快就来了这样的机会，有时要等些时候，也有些时候什么都没有发生。关系工作者会储备人脉。如今想要组建团队，不仅要看谁的简历最厚或经验最丰富，更关键的是谁更充满干劲。

非洲人琳达是两者的结合：她既是顶尖专家，也为项目所鼓舞。如果所有人的情绪都如此高涨，就会产生非常强大的精神力量。只有这样，团队才是一个整体，而不是各部分的总和。如果世界各地的团队成员认同某个愿景的凝聚力，深受为了实现愿景所制定的目标的吸引，就会慢慢产生一股螺旋上升的力量。这支团队对实现目标志在必得，并已准备好战胜挑战。

找到这样一支由顶尖成员组成的强大队伍后，您该怎样把他们团结起来呢？请让我们在这节中向您展示最重要的四个事实，在之后的章节中我还会逐一深入探讨每一点。

## 个人层面是团队成功的要素

比起现场团队，感知个人差异对远程团队更为重要。请您坦诚对待您的团队成员。

您从第一章就已经了解了强大团队的一个成功要素：要关注个人层面！感知个人差异在远程团队中至关重要。每个人都有自己的思考风格、处理信息的不同方式和参与项目的不同动力来源。您可以通过完善的个人资料来分析团队成员的性格特点，但有时只是借助您在第一章中学到的个人及职业“生命线”这一练习就足以找到激励每个人的办法。正如您已经读到的，在此过程中，信任扮演着最重要的角色。建立信任最关键的前提条件是坦诚。对于伯恩德来说，琳达一开始是一个与伦敦金融界有着关系的“不知从哪儿来的非洲女人”，他并不信任她，也没有表示出想要进一步了解琳达的坦诚。更有甚者，因为这份不信任，他质疑琳达的建议。他不想交出控制权。而且伯恩德始终拒绝与大家见面了解，取而代之的，他想先看到参数确定下来，确保一切都运转正常。其实，相反的方法才是正确的：只有通过相互了解、建立信任才能产生安全感。如果我知道一个人是如何思考感知的，我就能更好地理解她对待工作的方式。

**小心陷阱！**

安全感是一种合理需求。然而，如果对于安全感的渴望导致您变得疑心重重，白白放过了机会，那就得不偿失了。远程团队的所有成员都要学会与适度的不安全感共存。

## 让各有所长者融为一体

克劳德专注于团队成员的特长。他为安妮、琳达及纽约的教授所能贡献的能力感到欢欣鼓舞。与之相对，伯恩德则是以缺陷为核心——他的思绪始终围绕着他认为必须解决的问题打转。一直以来，我都是“以优势为重”理念的忠实关注者。如果我能推动团队成员发挥特长，他们就能独自解决问题。您的成员有哪些特长？想要知道这一点可不能仅仅依赖您的直觉。对此有许多以科学研究为依据的方法，如盖洛普机构的“优势识别器”。“优势识别器”2.0能测试34种不同特长，如战略思考、移情能力或自信程度。通过它可以找出每位成员最擅长的五大优势。紧接着您就能制订计划，使这些个人特长更好地为团队所用。当然，作为经理我也愿意使用相对简单些的方法。比如团队成员可以通过讨论会或在网上的方式相互询问对方的特长。可能会帮到您的引导问题有如：您觉得做什么比较轻松？什么工作能给您动力，让您感到快乐？或者，您经常在什么方面寻求他人的帮助？通过这种方式发现的长处能帮助您进一步

除了简单的提问，还有以科学研究为依据的方法可以发现员工的特长。

分配角色与职责。如果您发现了某位团队成员的真正优势，就能安排他做有乐趣且能实现自我的工作，届时不会再有人不停看表。在第五章中我会就这一主题更详细地描述这里提到的方法。

## 从一开始就进行结构明确、行之有效的沟通

您曾在参加电话会议时感到过无聊吗？远距离沟通经常因为组织不力导致效率低下。

如今，远程团队有众多沟通渠道可供选择：电话和电子邮件，空传或FaceTime等应用程序，思科（Cisco）、网讯（WebEx）等专业视频会议工具，封闭的网上讨论小组，等等。渠道不是问题，关键是怎么使用。远程团队往往在产生问题时才进行临时沟通。这些谈话当然是必需的，但长期来看远远不够。季度形式的状况更新会议也不见得更好。老板们展示一大堆数字、数据和事实，而一些团队成员则只是觉得这些会议耽搁了自己的工作。从一开始就选择正确的沟通方式决定了能否组建一支超级强队。这里伯恩德做得不错。虽然他总是过分强调自己的老板身份——这点也始终遭到克劳德的嘲笑——但是他还是给每位成员足够的发言时间，让他们负责自己的部分。

在一开始，所有人都能有足够的发言时间相当重要。伯恩德还得学会两件重要的事：首先，团队要能进行有建设性的辩论。伯恩德想就他对众筹的疑虑与琳达电话沟通并独自决定，更好的方法应该是在团队里讨论并做决定，或允许团队成员在时间与预算框架下自行寻找解决办法。第二，要关心上次会议后每位成员身上都发生了些什么——无论是工作还是私生活。伯恩德应该给每个人汇报的机会。理想状态是所有人都有个人汇报的固定发言时间。这能降低

无聊感，保证所有人都参与其中。

虽然伯恩德认识安妮已有一段时间，但是他只问她项目相关的事项。其实有足够的理由可以关心一下她是怎样面对被灾害摧残的祖国的困境，或者她的孩子们看到母亲几乎一刻不歇地忙着危机管理时是何感想。作为远程团队的领导，您应该立刻开始建立并加强私人关系。无论讨论的是项目还是私人生活，是正式还是非正式部分，电话会议中绝不能出现无聊。除了领导发言，还应进行建设性的讨论。本书第二部分的三章全部涉及沟通这一主题。届时我将进一步阐释远程团队中沟通的渠道、频率和结构。

### 杰出贡献的正确奖励

每个人工作中的积极表现背后所蕴藏的动力不尽相同。如伯恩德就梦想着让那些遭受灾难摧残的人民再度展开笑颜。这对他来说，将是一种在迄今为止的职业生涯中从未体验过的精神境界。同时，他还承受着巨大的经济压力。但这些，他从未对他的团队提及过。克劳德享受网络工作，同时想要通过一个成功案例在全球专业领域中大放异彩。安妮首先得完成祖国和政府赋予她的职责。琳达醉心于项目，身为非洲人，她对于受灾民众面临的问题有切身体会，无论如何都想提供帮助。对这些身份和想法截然不同的人来说，什么才是有吸引力的奖励？我认识许多远程团队经理，他们想当然地认为员工一定会全心投入、全力以赴。反正有工资，兼职专家有相应的津贴甚至奖金——就这样了。

我想说的是，每个人都有英雄梦。他们想在一支赢家团队中得奖励必须符合取得的成绩，并且吸引尽可能多的人。否则，它就毫无意义。

到成长。当奖励让人获得美梦成真之感，人们真的会为之奋斗。我已不止一次见证过这样的奇迹。金钱可能很重要，但绝非您想到的唯一因素。与一位德高望重的名人见面，或参加您的团队本不可能参加的某场活动，类似激动人心的共同经历就可以是奖励的一种。此外有两件事非常重要。首先，奖励必须符合您所期待的贡献。如果您承诺的奖励对于团队中的某些人来说“毫不特别”，就不能期待得到他们的最佳表现。其次，奖励方式必须尽可能顾及所有人。如以人为本的团队成员最后可能想要有一次共同经历，而非仅仅是金钱；理想主义者则希望看到他改变了世界一点。此时又回到了成功的第一要素：您越了解您的员工，就愿容易想到合适的激励。

**关于奖励的三个贴士**

1. 老板可以承诺如果提前完成工作，将给予重大奖励，因为任何情况下拖延的成本都更高。

2. 请您及时公布奖励，如提前半年。如果是远程团队，额外激励开始生效所需要的时间会更长。

3. 为什么不让您的团队自己决定奖励呢？您可以组织一场头脑风暴，让大家投票表决。这样一定能得出真正合适的奖励。

## 请结合成功四要素！

现在您已经了解了在最初能帮助您把来自世界各地的顶尖人才团结成一支超级强队的成功四要素：

1. 感知个人差异，关注个人层面；

2. 发现每位成员的长处，并相应地为团队所用；

3. 从最开始便定期沟通，让所有人发言，并鼓励讨论；

4. 公布能激励员工取得最佳成绩的奖励。

这四项要素相互紧密关联，其关键是以人为木，发现他们的差异和个性。您越了解您的团队成员，他们感觉便越好，您也越能发现每个人的长处。通过沟通，所有人都感到自己被视为活生生的人来对待，也知道哪些奖励能够激励全队的斗志。请您唤醒每一个人独一无二的潜力，推动有利于实现大目标的个人目标。（更多关于目标这一主题的论述请参见后两章。）若做到这一切，便能释放远程团队的无限能量，迎来取得巨大成功的机会。

03

第三章

# 远程指挥员工的理念与方法

伯恩德与施工队长握了握手，走向等待着的出租车。出了那么多问题后，他在法兰克福的项目终于又回到正轨。在尘土飞扬的施工街道散步时，他用苹果智能手机查了一下邮件。这时他看到来自地震地区的安妮发的标题为“好消息”的邮件。他急切地打开邮件，差点撞上一台刚转入工地的水泥搅拌车。卡车司机大声按着喇叭提醒，伯恩德闪到一边，站在一块街边烂泥堆中的空木板上。他打手势让工地栅栏外的出租车司机再等一会儿，然后开始阅读安妮的邮件。其中最重要的信息是：

> 政府采纳了我们的项目。特朗斯蒙塔尼亚将以国家名义承担我们预估费用的50%。剩下的50%需要通过众筹解决。

“太好了！”——这是伯恩德梦想已久的突破。他终于要成为驰骋国际的企业家了。像从前赢得乒乓球比赛时那样，他握紧了拳头。一股温暖、强大的能量从胸腔流遍全身。

项目终于要开始了，伯恩德感到欣喜若狂。他仿佛看到自己在加速道上，尽管资金只有一半到位，空传也有技术问题。

出租车飞驰在前往机场的高速公路上，伯恩德从侧窗观察着法兰克福的天际线。他欣喜若狂，仿佛已有什么了不得的大事发生。要怎么告诉团队其他成员这个好消息？他在脑海中编织着各种话语。他仿佛看到自己挥斥方遒、克服万难，建起了全新的抗震楼房。他想到了当地的建筑工人，想到由成千上万名大学生和他们的教授组成的设计团队，想到来自伦敦的银行家。从现在开始他是所有人的老板！最后一个念头让他感到有些不适，但是他摒弃了这种感觉，对出租车司机说："您能开得再快些吗？超车道现在空着。"司机没有回答，他沉默地朝左看了一下，加快了速度。

到达法兰克福机场后，伯恩德又去星巴克买了一杯咖啡。他坐下来，拿起平板电脑，美滋滋地开始给整支团队写信。他的语气几乎可以称得上隆重。在传达了所有信息后，他邀请大家下周三参加电话会议。

这次开会前，伯恩德先去吃了午饭。他在办公室放松地把腿高高搁起，按下绿色按钮开始通过空传召开会议。克劳德、安妮和琳达都迫不及待地想要汇报进展。慕课已经开始了。安妮和当地建筑工人的主管见了面，琳达也已经完成众筹的描述，如今只等一声"Okay"就可以马上在网络平台上线。皮球开始滚动，伯恩德能感受到整支团队的兴奋。

"我的众筹运动能开绿灯了吗？"琳达问道。

"别着急，琳达，"伯恩德回答说道，"我想先检查一遍文章，然后想和您那些能帮我们筹到足够资金的伦敦朋友们通个电话。如果我完全不认识帮助我们运作资金的人，这就太荒唐了……"

"伯恩德，我拜托你……"

克劳德没等琳达来得及反应，就打断她的话说道："我们现在一致认为需要众筹，你就让琳达和她的团队自己决定该怎么做吧。我认为琳达完全没有必要让我们认识她的朋友。关键是她有这些人脉，而我们能得到我们想要的结果。"

"但是这个事关50%的经费！"伯恩德抗议道。他把脚从桌子上放下来，坐直了身子，"最终我要对一切负责，所以，我想了解正在进行什么。我想在出现问题前能够进行干预。"伯恩德感到他的嗓子在冒火。

"好吧，伯恩德，我该做些什么？"琳达问道。她的声音如今听起来十分冷静，仿佛隔着一层距离。

"我想和你还有你在伦敦的合作伙伴们开个电话会议，然后我们一起过一遍整个流程。"

琳达想独立负责众筹的运转，然而伯恩德想拥有控制权，以便随时插手。气氛有些变化。

伯恩德感到有什么东西变了。大伙的兴奋消失了。更糟糕的是出现了技术问题，空传总是不断掉线，他只好一次次地重拨。会议结束时，伯恩德语气坚定地重申了每个人的下一步任务。所有人都下线后，伯恩德站起身走到窗边。

"不知怎么地，大伙又退缩了。"他想着，"但是，我们有共同目标和明确协议。"

一周后，伯恩德在办公室再次浏览上次电话会议的记录。出于好奇，他昨晚登陆了慕课，却发现突然出现了针对房屋建筑要求的规定。这可从来没有讨论过，只有克劳德会做出这种事。伯恩德目瞪口呆。这个年轻的建筑师就这样为所欲为？还有琳达。这个非洲女人至今也没有安排与伦敦的电话会议。从上周起伯恩德就再也没听到她的消息。伯恩德怒气冲冲地抓起手机，在通讯录里键入琳达的手机号码。

“这里是琳达·欧格登贝–史密斯的语音电话……”电话里立刻响起了琳达充满活力的声音。

“关机了。真是太棒了！”伯恩德咆哮着把手机掷到桌上。他起身在房间里四处走动，血液全涌到了他的脖子和脸上。

“现在好不容易拿到项目了，他们开始和我耍小花招。为什么克劳德要做这种事？还有琳达，这个琳达总是叛逆得那么滑稽，她现在可是太过分了。要不是她现在在非洲，我非得去她办公室要个合理的说法……”

伯恩德感觉他的队员不再听从自己的指挥。克劳德指出他微观管理的问题，并再次建议邀请导师保罗开展一次座谈会。

再度恢复冷静后，伯恩德在空传上给克劳德留了言：“我们能不能尽快谈谈？”

第二天一早，伯恩德终于通过空传联系上了加拿大人。伯恩德在自家的书房，外面还漆黑一片，克劳德坐在他位于蒙特利尔的敞开式极简主义顶层公寓的沙发上，背景中播放着电视节目。

“克劳德，我们是好几年的朋友了，”伯恩德单刀直入，“该死的，你为什么一再为所欲为，却把我蒙在鼓里？”

“听着，伯恩德，”克劳德冷静从容地说道，“我接这个项目，是拿我作为建筑师的名誉为赌注的。我已经准备好为此全力以赴。但是关于建筑方面，我不能只听从你一人。我甚至不能把宝都押在那些参加慕课的学生身上，不管他们是多大的天才。我要做的只是贯彻质量标准。你懂吗？我一周花在这个项目上的时间只有一天，我没有时间理会那些半吊子的想法。”

“没事了。下次我们再详细说说你的愿景吧。更重要的问题是，你知道琳达怎么了吗？我已经一周没听到她的消息了，我不知道众筹的进展如何。”

“我可以找她简单聊聊，我想我知道是怎么回事。她为了你积极调动自己的人脉关系，而你做了什么？你想要她毫厘不差地向你汇报进程。你想让她把她的关系介绍给你，想偷取这些人的宝贵时间。很明显琳达生气了。伯恩德，你已经不再是处在汉堡与慕尼黑之间的小世界里，你现在领导着一支汇集顶尖专家的全球团队。你得相信你的人。他们应该向团队介绍自己的计划，你也可以问他们一切你想知道的问题，但不要试着告诉他们应该怎么做。”

“你说得很对，也很好，”伯恩德回道，“但是，时间在流逝。我们怎样才能重回正轨？也许我们需要指导。你认识的那个大师叫什么来着？”

“我的导师？他叫保罗。”

“保罗会给你提什么建议？”

“这我早就说过了，他会建议开一次座谈会。这种座谈会是非常有效的。到时我们能相互协调目标，制定路线图，保证所有人都对目标全心认同。”

“好吧。你能给我做一下座谈会的预算吗？包括保罗的酬金和我们所有人的差旅费。”

“没问题，老伙计。你愿意开座谈会真是太好了。”

现在是3月21日早上8点半。外阿尔斯特湖边盛开的樱花树沐浴在和煦的阳光下。伯恩德站在艾美酒店的一间会议室里，越过波光粼粼的湖面看向电视塔。快要开始与他的团队成员进行第一次座谈会前，他整理着自己的思绪。昨天他和保罗共进了晚餐。保罗有着一头灰发，个性安静，双眸闪耀着淡定与从容，直率地望向对方。他是个很好的聆听者，偶尔提些尖锐的问题。伯恩德有些紧张，但是晚饭后他感到可以信赖保罗。想到今天他只是个参与者，不用主持会议，他甚至感到松了口气。安妮是唯一通过视频会议参加的成员。伯恩德检查了一下已经显示着特朗斯蒙塔尼亚的会议室的巨大屏幕，安妮的身影随时会出现其中。身为政府的危机处理官，她现在找不到去欧洲旅行的理由。另外她的小女儿也病了。

保罗向伯恩德保证，座谈会以这种混合模式也能顺利展开。在国际团队的研讨会中，个别成员只能通过视频会议参与是常有的事。

保罗带领团队开展了一次混合型的座谈会：一部分团队成员在现场，还有一部分则通过网络接入。抛弃了空传，如今使用的是更为专业的网讯软件。

目前团队已经不再使用空传。克劳德长期使用网讯公司平台，这是思科（Cisco）公司的一个专业软件。他在邮件中向伯恩德描述了网讯公司软件的优点，于是伯恩德买了一年的使用权。现在他的团队可以轻松共享数据，或远距离使用电子白板。此外，通讯质量也终于稳定下来。

隔着透明的玻璃门，伯恩德就听到了克劳德和琳达的笑声。这两人到了之后，座谈会便可以在9点准时开始。伯恩德首先问候了所有人，他非常高兴能有这样一次独一无二的机会在现实中与所有团队成员见面（除了安妮）。但她可以通过新系统的完美传输始终参与其中。接着，保罗接过话头。

“我知道，你们大家都是各自领域经验丰富的专家。”导师开始说道，“今天，我想帮助你们从分散的群星变成一个紧密团结、以自身强大的吸引力克服地理距离的星座，一个真正运转的团队。”

说完，他开始进行个人与职业生命线的练习。首先，他讲了一件发生在自己身上的充满戏剧性的故事。接着，请团队中的每个成员做自我介绍。他请大家按顺序在白板上画出自己的职业与生活曲线并作相应的讲解。最终所有人都讲述了一生中最自豪的时刻以及最巨大的困难。

琳达讲起自己在伦敦求学时的震撼经历。就在她刚刚找到了市里一家银行的实习工作时，她的父亲在尼日利亚的一次炸弹袭击中不幸遇难。她放弃了工作，以函授形式完成了剩下的学业，并帮助家人渡过了这一艰难时刻。所有人都看到了琳达叙述时眼中的热泪。紧接着保罗请其他人说说琳达最大的个人优点。大家一致认为是她的坚韧。

克劳德讲到孩童时代赢得肥皂盒赛车比赛的经历。当其他男孩都求助于他们的父亲时，他是唯一自己设计并制作赛车的人。可以说，克劳德很早就显现了他建构事物的天赋，并把它应用到比赛中，实现了高高在上的目标。

伯恩德感到既震惊又激动。哪怕他与克劳德已是多年的朋友，却对他的过去一直一无所知。他拥有优秀的团队成员，他们个个卓尔不群，如星辰般闪耀。伯恩德感到与所有人都更近了一步，尤其是与琳达。她曾克服了如此艰难的时刻！难怪她无法理解伯恩德的焦躁与怀疑。

通过分享职业与生活曲线，团队在人的层面更加亲近。保罗带领大家探索团队最为重要的三个主题。“独立承担责任”排在第一。

保罗继续下一个练习。他希望帮助每个成员发现自己最大的长处。大家两人一组，针对保罗给出的简单明了的问题互相提问。最后，所有人从第三者的角度决定每位团队成员的最大优势。在那之后便轮到团队目标上场了。

保罗又把团队分为两组，请大家相互就项目提问。类似问题有：你脑中一直挥之不去的是什么？你的直觉怎么反应？什么能激励你？这些巧妙选取的问题能发掘许多过去未曾提及的东西。每个团队成员的野心和他们的愿景都一览无遗。第二组则应更理性地分析项目的问题与机会。然后，请在场的三位成员共同描绘团队可能取得的最巨大成功。

最后，选出团队最重要的三个主题。每人有三票。当看到“独立承担工作的职责”被选为最重要的主题时，伯恩德不禁大吃一惊。不过，尽管他确实感到意外，但也欣然看到这个下午他的团队成员展现了如此之多的知识、智慧与人生经验。现在，伯恩德下定决心让他们承担更多的职责。只是他还不确定该怎么做。

在此期间，保罗继续座谈会：“现在让我们按照SMART模式将这三个最重要的主题转换成目标。”

## 远程团队管理：从个人优势到个人目标

伯恩德正经历着第一次真正意义上的管理危机。他的远程团队似乎正脱离他的掌管。克劳德没和他商量便按自己的意愿行事，琳达甚至貌似撂挑子不干了，至少她再也没给伯恩德回馈过。但是她也没说生伯恩德的气，而是藏了起来。在现场团队中，这种“闹剧”是几乎不可能发生的，老板随时可以走进其他人的办公室搞清状况。与此相对，远程团队中这类情景并不少见，尤其是当老板独断专行或开始微观管理时。那么到底是什么事导致了这支团队的危机呢?

伯恩德至今都习惯独自决定一切。他不但告诉员工要做什么，还指挥他们该怎么做。在完成德国的建筑项目时，这种领导风格所向披靡。即使是最近在法兰克福遇到的问题也是伯恩德给出指令才得到解决的。他对自己的经验很有信心。到目前为止他一直都知道该怎么找到牢靠的资金、可信的供应商及出色的建筑师。在第一次和远程团队合作的国际项目中，伯恩德却突然要面对那么多的不确定性。好几天看不到某位员工在做什么让他感到紧张，因此他的应对便是专断的领导方式和微观管理。但是这不奏效。克劳德自说自话地做决定，而琳达则拒绝与他交谈。

伯恩德的心理动机是恐惧。他害怕出现问题。他认为到时就得独自承担一切责任，被钉在耻辱柱上。为了获得安全感，伯恩德想对整个过程施加更强的引导力。他插足每一个任务的执行，想要规定团队成员实现各自目标的方法。他没发现自己拥有一支由全球专家组成的远程团队，没意识到自己的团队成员在各自领域远远比自己更了解该做些什么。琳达已经落地了许多众筹项目，伯恩德在这一领域还是新人，却只因他是老板便想占取一席之地。

远程团队比传统团队更容易发生领导危机。距离让管理者感到不安，触发了他们的控制欲。但是比起掌控，团队更需要共同制定的目标。

如果您想要组建一支超级强队，关键之一是让所有人专注于一个由团队亲自制定的共同目标。至于怎么做，怎么完成各自的目标，则应让每位参与的专家自己决定。

**方法：**

传奇的苹果公司创始人史蒂夫·乔布斯曾说过：“雇用聪明的头脑，却告诉他们该做什么，这毫无意义。我们雇用聪明头脑，是为了让他们告诉我们该做些什么。”

专断的领导方式无法带领一支高效的远程团队实现目标。即使有些成员比老板年轻许多，或未必那么经验丰富，他们也需要很大程度的自由才能完成任务。此外，远程团队的老板必须认清的是，他无法掌控或了解每一步工作流程，比起这个，更重要的是反馈。反馈是远程团队得以存在的根本！

只有在危机或矛盾产生时，远程团队的领导者才应该动用他的权威，且必须遵循清晰的规则。其他时候他应该更多地扮演“推动者”和鼓励者的角色。

远程团队的管理者应当定期要求反馈，并始终保持畅通的沟通渠道，以保证每位成员都愿意给出充分回应。如果有人像琳达那样突然不再反馈，那一定是有什么地方出了问题。

只有在产生危机或重大冲突时，远程团队的领导者才可以展现他的权威。但切勿为所欲为或威胁恐吓。遇到这种情况，应当有一个清晰定义的流程。管理者首先向每位成员征求对于该问题的回馈，然后让所有人认识到他们都有义务想办法让局面重回正轨。

绝大多数时候，远程团队中的领导者应当鼓励成员，扫除障碍。唯一需要他的权威的节点是“为什么”进行项目——团队的任务和主要目标。这是吸引整支团队，让他们始终紧紧环绕的能量核。

## 远程团队的老板何时需要辅导

伯恩德感到灰心丧气，员工们要么不听他的指示，要么干脆不再给他回馈。想要在远程团队中躲藏起来有太多办法。每个团队成员都可以消极怠工，为所欲为，同时巧妙地不被发现。不接电话或有选择性地回复邮件，其实已经是隐藏自我的行为。这种躲猫猫游戏不但让同事苦不堪言，也令管理者感到困扰。

很多时候，沮丧会导致管理者进行更多干预和微观管理，这又进一步激化矛盾，甚至可能让员工彻底丧失斗志。最糟糕的情况是管理者的挫败感使他接近崩溃边缘，而矛盾膨胀到员工不得不被解雇或自己离开团队。在所有此类情况下，都应由管理者按下“重启”键。大多数时候，最佳方法是寻求外界的支援。一名有经验的导师可以帮助团队成员们重建沟通，解开矛盾，再次回到团队目标上。

## 如何让团队进入上升通道

对于许多管理者来说，困境中的第一念头便是激活更多属于他们的个人资源。这之后的信条往往是：“一切都取决于我。”但这对远程团队无甚作用。更重要的是，有发现并利用团队才能与潜力的意识。在远程团队中，自上而下的推进几乎或者说根本不可能。关键往往在于激活团队中尚在沉睡的潜力。团队成员的个人能力与生活经验是团队任务得以推进的基础。管理者往往认为足够了解他的队员，比如已进行了面试，或在项目进行时曾多次私下沟通。但这些远远不够。相应的，一支能开诚布公地讨论彼此长处的团队所能取得的成就每每令管理者大为震惊。最好的情况是，团队成员们不仅谈论长处，还能掏心掏肺地分享各自的生活轨迹和那些触动内心最深处的事。在第一章中，我已经写过相应的方法。每次我组织这样的座谈会，都会彻底为深藏在人们身上的种种闪光点折服。在每支——我可以确定地说是每一支团队中，您都能发现团队成员的闪光点。请您相信我。每一件令人印象深刻的经历，都能鼓舞团队中的其他人，并在整支团队中营造互相信赖的氛围。

在远程团队中，自上而下的推进几乎是不可能的，关键在于激活团队中尚在沉睡的潜力。您的员工可是深藏不露的！

想要团队螺旋向上发展，关键在于发掘成员们的个人优势。在

第二章中，您了解了一些有科学依据的方法，如盖洛普公司的优势识别器2.0等。此外，我也顺带提到了带有针对性提问的相互辅导的几种形式，这可以让您在1小时内进一步认识其他团队成员的主要特长。在为期一天的座谈会上，将这些结果呈现出来是相当重要的。请您在元规划表或白板上画出“资源地图”，同时列出所有成员的姓名，并在旁边分别写上他们最重要的长处。需要注意的是，这里不仅要画出员工的自我评估，也要画出其他成员的外部视角。这样的地图有着非常重大的影响：每位团队成员原原本本地展现最为自豪的方面，并因此得到团队的关注。同时所有人都看到整支队伍的诸多优势。这样做直观地呈现了团队的潜力，使得大家有信心共同实现宏伟目标。

**方法：**

请您画一张您的远程团队的“资源地图”。请您在白板或绷在纸上的元规划表上写下所有团队成员的姓名和他们相应的主要长处。这样您就能以鼓舞人心的方式展现团队的潜力。

## 怎样对待远程团队中最重要的三个要素

保罗以他屡试不爽的方法得出团队最重要的三个要素：我们的团队最需要什么？我们想做什么事？我们能做什么事？保罗巧妙地将三种不同形式的信息结合起来。为了获得三重反馈，他通常把团队分成三组。因为选中的团队太小，无法分成三组，所以就让成员们两两结对。接着再让在场的三位组成第三组。接下来我解释一下如何在稍大些的团队中组建三个小组。

第一组的任务是从潜意识中挖掘出更多对备选主题的认知。此处重点是很少或从来没在项目日常中直接谈论的事情。为了更形象地解释，您可以在活动挂板上画出一个人的轮廓，并在轮廓边上记下各种开放问题。

**方法：**

帮助您认识潜意识的问题：

· 您的脑中在想什么？

· 您心中挂念的是什么？

· 什么事让您蠢蠢欲动？

· 您的直觉怎么说？

· 什么事禁锢着您？

· 什么能让您如虎添翼？

第一组中，每位成员要记录下自己的答案。在这里讨论没有意义，也完全没有必要达成共识。关键就在于汇集不同观点。

如果团队想要自己找到最重要的三个发展主题，那么专业的小组合作是非常重要的。否则就只是流于表面，而内心深处仍沉默不语。

第二组的任务是收集更多客观信息，其主题是所有人都能认识到的、远程团队正面临的问题和机会。因为这里涉及出现的问题，所以通常会有一些讨论。但请您注意，讨论不应占据太多空间。同样，重要的不是找到解决方法，而是汇集观点和视角。

第三组的任务是绘制一幅团队取得巨大成功的画面，这一呈现是对创造力的挑战。请您不要给任何人过于宏伟的设置，而是让团队成员们发挥自己的想象。每次我都会为他们想出的点子感到震撼与激动。他们要么是在白板或活动板上画出了真正的艺术品，要么是想到了不同寻常但恰如其分的成功隐喻。

三组任务都完成了吗？请您首先请第一组的所有成员和大家分享他们的笔记与观察。其余成员可以提出理解上的疑问。此时所有人都有发言机会是很重要的。有一些相对内向的团队成员很可能仍一言不发，但这意味着团队失去了非常珍贵的观点。第二组一般决定一到两名代表陈述结果，但应该允许他人询问各个想法的出处，并提出疑问。第三组通常提名一位成员论述完成的图片。虽然许多“艺术品”本身便一目了然，但有时仍有一些缺乏相应讲解便容易忽视的细节。

一旦所有小组都介绍完毕，并不再有理解上的问题后，便到了选择时间。每位团队成员有三票，请他们用笔选出其认为最重要的三个主题。

等选票统计完成后，就到了揭晓真相的时刻。每次宣告最重要的三个主题时，心理层面都会产生一种非常重要的情感：那就是团结与羁绊的感觉。这一过程的魔力分三层：首先，最重要的主题不是由老板决定的。这是一个强劲的信号。第二，每位员工拥有相同的票数。第三，无论是有意识的、理性的观点还是无意识的、感性的观点都被提及，团队通过一种简单而民主的方法对两者的重要意义进行了表决。

只要确定了三个重要主题，就可以根据SMART原则转化为目标。项目经理对于SMART原则一定不会陌生，即：SMART是明确（spezifisch）、可衡量（messbar）、可接受（akzeptiert）、现实（realistisch）以及有时限（terminiert）五个单词的首字母缩写。如果目标满足上述五个条件，就可定义为SMART。事实证明，SMART原则可以确保制定清晰、可衡量且可检验的目标。

## 共同的“smart”目标道路上最大的障碍

当然，远程团队的成员不可能总想着他人，想着共同目标，他们也会考虑自己。他们有各自的抱负，也有一些从未与人分享过的个人目标。如果缺少透明的目标流程，这些个人目标就有可能阻碍团队目标。一定要避免发生这种情况。首先是臭名昭著的“秘密行程”（hidden agenda）。向团队成员隐瞒个人计划有很多种原因，可能是因为职业目标，可能是想获得其他人尽可能多的认可，也可能是想通过项目尽可能为自己多赚钱。“秘密行程”很容易过渡到阴谋诡计。我们这里说的仅限于个人目标，它们虽然完全合法，但因为与团队的前景及共同目标不一致而带来风险。防止“秘密行程”的最好办法便是让每位团队成员都能随时谈论自己的利益，同时保证他们都拥有与团队目标契合的清晰目标。

最重要的三个发展主题将依据SMART原则转化为目标。但是小心！秘密行程、微观管理和自以为是都是常见的障碍。

团队目标之外，您应当给予员工的职业目标适当空间。个人利益与团队利益不应相互冲突。正因如此，了解每位员工对问题与机遇的看法，民主决定最重要的主题才大有裨益。只有做到这一点，所有人才会真正共同往一个地方使力。管理者永远都不要表扬或认可已达到的职业目标，而是专注于已到达的团队目标，让所有人把真正的焦点谨记于心。如果尚未实现目标，就请表扬所有促进团队合作与凝聚力的行为。

远程团队中的第二个动力扼杀者便是微观管理。即使所有人都宣誓效忠同一宏伟目标，员工们的个人利益也与全体目标协调统一，也存在着管理者的微观管理阻碍团队绩效的风险。

即使领导者是他所在领域的资深专家，如果他一再插手，对员工的工作方式评头论足，发号施令，也可能削减队员们的士气。远程团队中的专家唯一所需要的便是清晰明确的目标，以及预算和时间框架。只有员工亲口寻求帮助，才应该给予他们建议与激励。这时可以以“如果这样……会怎么样……”的思考模式进行提问。重要的是共同设置每位团队成员的目标，使他们不会因此而措手不及。

如果每位成员的潜力都得到认可，每个人都有目标，独立承担工作职责，那么远程团队可以轻而易举地取得顶尖成绩。

除了秘密行程和微观管理之外，实现目标的道路上还矗立着第三道障碍，那便是团队中的批评者和“百事通”。无论做什么，他们总能挑出刺来。怎么才能避免这些批评者挡住其他团队成员前进的道路呢？确立清晰的目标，对每一步小小的贡献都给予肯定是对待这些吹毛求疵的团队成员的最佳方式，否则他们将始终质疑团队目标以及其他成员的成绩。批评往往来源于不清晰的目标、模糊的职责划分或未被认可的潜力。当然也有比较棘手的情况。有些人就是忍不住批评。这时管理者就应当进一步追问这些人的动机。可以私底下就问题与担忧进行沟通，若批评不断，有时也必须插手纠正。在我过去曾带领过的远程团队中，较少遇到批评者的问题。如果您谨慎挑选团队成员，让他们独立承担职责并给予认可，也可以将吹毛求疵的人改造为富有建设性的员工。

最后总结一下。如果您希望您的远程团队轻松取得顶尖成绩，您首先需要做到三点：其一，您要发现每位团队成员独一无二的潜力；其二，同时为个人与整支团队设立清晰的目标；其三，所有人都能独立承担工作职责，包括其他成员的支持以及对于良好业绩的认可。

04

第四章

# 分配业务及授权的理念与方法

汉堡上空的春日阳光照亮了艾美酒店的房间。保罗脱去了外套，卷高袖子。他知道座谈会进入了最关键的阶段。克劳德和琳达站在翻转板前，正用英语手舞足蹈地大声讨论着。他们组成了两人小组中的一组，共同寻找团队至关重要的主题。每几分钟两人就会安静下来，然后琳达在板上写下一个想法。伯恩德全神贯注地坐在打开的笔记本电脑前，时而看向网讯屏幕中的安妮，时而看向自己的电脑。两人都在一块虚拟白板上记录下自己的想法。保罗在幕后观察着这一切，时不时走向某一组，用提问开拓他们的思路。克劳德和琳达的题目是“授权”，他们一起讨论哪些情况表明已达到个人职责最大化。看得出这个问题对克劳德意义重大。他语速飞快，用到了许多第一人称。伯恩德与安妮通过网讯共同探讨“外部团队的融入”，这恰好涉及建筑工人、政府及组约教授如何最好地融入团队这一问题。伯恩德和安妮的交流非常平静，几乎没有什么肢体语言。

保罗带领团队继续讨论。大家正在探讨“授权”及“外部团队融入”等关键问题。

没多久，四人都已准备好陈述自己的结论。克劳德和琳达先开始。

“我想要绝对自由，”克劳德大声说。

伯恩德不由微微一笑。“真像克劳德的风格。”他想着。

加拿大人站在翻转板前，琳达在他边上，随时准备补充。

“也就是说，只要我没有超出预算，也没有打乱时间计划，做决定前就不需要事先和伯恩德商量。”克劳德继续说道。“是否所有人都自主承担责任，每周电话会议上就能体现。每人都汇报过去一周取得的进展，如果出现问题，不会分摊在所有人头上，而是责任者提出建议，落实改进方案。这样就可以尽可能不牵扯其他成员的精力。”

琳达赞同地点了点头。她讨厌毫无主见地分担其他人的问题。

“伯恩德，你是老板，当然可以提出疑问或建议，”克劳德向伯恩德投去友善的一瞥，接着说道，“但是每一个具体目标的运行应当由其责任者自行决定。如果我需要你帮助设置任务的优先级别，或与外部团队协商，我会告诉你。”

所有人都赞同地点头。接下来由伯恩德和安妮展示他们讨论得出的“smart”目标。然后其他人提问并给出反馈。伯恩德记下了每一条意见。

最后保罗请所有在场人员起身，准备开始路线图练习。克劳德与琳达走到房间的一角，伯恩德凑到屏幕前。当所有人正要开始定义里程时，安妮通过视频说话了。

“非常抱歉打断你们了，我有时必须立刻阅读邮件，以便处理紧急情况。我刚收到一封当地建筑公司发给政府并抄送给我的邮件。邮件里说道，在使用慕课的结果制定了一份详细计划后，估计预算将比之前申请的增加25%。”

“什么？”伯恩德喊道。他从椅子上跳了起来，用拳头捶着桌面。

琳达无动于衷，她观察着伯恩德的反应，接着用平静的声音说：“我恐怕没法通过扩大众筹规模筹集到更多资金。你们知道，现在整个运行陷入僵局。我们只找到几个投资者，而且他们参与的金额也很有限。现在媒体里也找不到灾区的图片了。”

“该死的，这是怎么回事？”伯恩德的怒吼穿透房间直冲窗外。他为琳达根本没有传递准确信息而勃然大怒。“这威胁到我们的整个项目！”

晴天霹雳：安妮收到邮件，信里说政府将预算提高了25%。项目似乎不再可行。

“那么你们就该提高建筑效率，以此降低成本。”房间后角传来保罗冷静的声音。所有人都转头看向他。“我经历过的惊吓比这大得多。现在我眼前看到的是一支正开始相互信赖的顶尖专家团队。我肯定你们能找到办法。这世上总有人能搞定此事。”

茶歇后伯恩德仍然怒气冲冲。但是他清楚他们需要帮助。他的乐观还为时尚早。

保罗说：“我建议先继续之前的两个路线图，然后再共同制定经济高效的建筑路线图！”

很快，克劳德和琳达就站到了房间中央，在元计划图上写下每一步里程，然后把图平放在地板上。今天的日期和结项日期都标记在地上。克劳德和琳达来回跑动，代表着他们在时间中来回穿梭。

在座谈会的下一个环节中，保罗请所有人想象团队彻底完成目标的样子。

当思考时间变得越来越长时，就该吃午饭了。安妮下线一小时，很快吃了些晚餐，接着照看了一会儿女儿。

“让我们进入下一轮路线图练习，”一小时后大家重又准备就绪，保罗说道，“我举‘授权’的例子。”保罗站到一个在场者都能清楚看见的位置——包括视频中的安妮。“请你们想象今天是你们彻底实现目标的一天。”保罗继续说道。他请琳达和克劳德站到地上标记的最终节点旁。“在这一点上，所有团队成员都独立承担责任。这就是授权！”

保罗看向众人，大家都纷纷点头。

“那么，当你们站在目标完成的视角观看这条道路时，有没有觉得缺少了什么中间目标？请跟随感觉，想到什么就写什么。”

接着，保罗走向安妮和伯恩德讨论“外部团队融入”的屏幕。他看向数字白板，请两人想象他们已经成功融入了所有外部伙伴。

保罗问道：“现在你们得到了一切——你们想给刚刚开始接纳外部伙伴的团队一些什么建议？”

这时，安妮立刻想到了一点：“伯恩德，我们为什么不针对每个外部团队指定一名沟通使者呢？同样，外部团队也应该分别指派他们的通讯人。我们邀请他们参加每月的电话会议，相应地，我们的通信人也参加外部团队的重要会议，在那占有一席之地。”

伯恩德认可地点了点头。克劳德看起来兴趣十足。

“我肯定像克劳德这样的人一定愿意这么做，”安妮补充道，“他会和相应的机构讨论最新进展，当然也包括出现的问题。”

在所有人简短讨论后，“沟通使者”这一主题也被写上白板。

现在，保罗带领大家进入最后一轮讨论，他请两个二人小组陈述他们的路线图：谁来负责、哪些中期目标必须由每组事先协商约定。另外一组可以提出问题或建议——如果有必要甚至可以对决定提出批评。保罗鼓励大家只要认为自己拥有所需的个人优势，就积极申请相应的中期目标。

讨论进行得十分热烈。伯恩德把克劳德对于授权的一些想法称为“废话”。他似乎始终还在坚持保有尽可能多的掌控。但是最终他还是让步了。他明白，这样做将来就能有更多时间应对更为关键的事务。从现在开始，他拥有更好的全局视野。其他团队成员所做的一切是为了让伯恩德有滋有味地扮演长者与顾问的角色。

琳达和克劳德毫不犹豫地申请担任通信使者。

最后，琳达与克劳德把他们从此刻起开始负责的目标写在手里的卡片上，安妮和伯恩德则把两人的目标标记在了白板上。

最后一轮后，每位成员各自认领了数个中期目标。两人小组必须一致决定各自的职责划分。

保罗解释道，很快大家就会发现每一位团队成员的目标相互都有着强大的关联。

“你们可以想象，这些单个的目标就像齿轮般互相啮咬。如果其他成员的目标没有同时完成，也就没有人能完成自己的目标。”

保罗还建议伯恩德放手那些操作性目标，以便随时为团队提供建议与支持。

接着保罗说：“现在让我们一起讨论怎样才能更高效节约地施工吧。”

### 核心团队的每个人分别负责一个关键目标

多人负责同一重大目标，在远程团队中是行不通的。应该给每个团队成员以不同的重要目标。

大型企业中的团队通常以书面方式确定它们的目标，且往往是三到四句典型的领导语言，既不能激发员工们的情感，也很难让人认同。作为远程团队的领导，您有两个办法可使它改观。要么您魅力非凡，像曾经的马丁·路德·金那样站在团队面前高呼“我有一个梦想！”您活灵活现、激情澎湃地展现您的愿景，使您的员工取得情感上的共鸣。要么您就让您的团队自己制定目标。绝大多数时候，这是更好的选择。这种“自下而上”的方法有一些简单的辅导技巧。关键在于敢于创新、预估目标、面面俱到。

一旦目的明确，就应当把它细分为年化目标。此时，现场团队和远程团队间有着巨大差异。现场团队中，把愿景分为三到四年的年化战略目标，并为这一重大的战略目标指定多名负责人员。这是切实可行的。但是经验表明，在远程团队中，多人负责同一目标是行不通的。您应当把愿景细分为多个单独的年化目标，核心团队中的每一名成员对某一目标承担相应的职责。

**方法：**

**请您与您的核心团队（或所谓的“领导团队”，即那些直接向您汇报的人）共同定义最重要的团队目标，每位核心成员独立负责其中的某个目标。核心团队的所有成员承担同样重要的职责。**

在远程团队中，您需要的是分期目标和核心团队——或“领导团队”——即那些直接向团队负责人汇报的成员独立负责各自的目标。在时间与预算的框架下，每个人可以自行决定实现目标的方式。所有核心成员承担同等重要的职责，当他们实现目标时，应当受到褒奖。

## 终结远程团队中的躲藏游戏

您有过在某个项目中全力以赴，而其他团队成员却不怎么有干劲的经历吗？比起现场团队，远程团队更容易发生这种情况。我只需不接电话，或者不回复所有邮件——这就足以令其他成员气急败坏，导致生产力极速下降。远距离且素不谋面的环境创造了许多隐藏自我的可能性。没有人能看到其他人在做什么。如果你让我说说自己的经历，我会告诉你我喜欢运动，尤其是田径。40岁时我又开始参加比赛。我不知道这算不算所谓的中年危机，还是像我的一个女儿所说："爸爸，你老了。"总而言之，我很快成为了保加利亚的标枪和铁饼冠军。此外，2014年，我赢得了有18个国家参赛的巴尔干冠军赛冠军，一年后在尼斯举行的欧洲冠军赛中获得铁饼亚军。

我写这些并不是为了炫耀，而是让您明白我是个成绩至上的人。我最重要的动力就是成绩，就我的个性而言，比起权力或金钱，成绩扮演着更重要的角色。您能想象当我拼尽全力，可其他人却一直在隐藏自己时我是多么沮丧吗？出于这种经历，我学习了许多远程团队的管理方式。自那以后，我以团队领导的身份将团队目标细分为许多独立目标，让核心团队的每一位成员都承担职责。如果每个人都有目标，且必须有所产出，他就无处可藏。

## 远程团队的全体成员都需要清晰的目标

我前面已经指出，微观管理在远程团队中是完全行不通的。即使在现场团队中，如果领导事无巨细地插手，也会降低生产力。而在远程团队中，这种干涉可以说是完完全全背道而驰。队员们需要绝对的自由与独立职责来完成目标。这种自由与自我责任便是所谓的"授权"。虽然远程团队中的成员受时差与文化差异彼此分核心团队的成员应当通过一个同步的流程亲自定义与其个人优势相符的目标。

离，但因技术而紧密结合，因此他们需要能遵照清晰定义的目标施展拳脚的自由。在这个过程中，清晰在一开始便至关重要。如何按每位成员的个人优势制定目标？只靠作为领导的您一人是很难的。如果由老板指派任务，员工们就会缺少干劲与投入。团队成员应当通过一个同步的流程自己选择目标。这里的“同步”是什么意思呢？

远程团队有两种合作方式：同步与非同步。也就是说，所有或大多数团队成员要么同时工作，要么异时合作。同时合作的例子，有现场及所有形式的能进行团队内部即时互动的电视电话会议。异时合作则通过如电子邮件、聊天软件或文件传输进行。此时每位团队成员自己决定回复的时间和任务完成的节点。目标制定只能同时进行。

想让团队成员对共同目标达成一致，就必须即时互动，因为这关乎整个成员个体及其潜力和想法。就我的经验而言，制定目标的最佳模式是座谈会。在会上，团队可以共同展开头脑风暴，热烈讨论——而且每个人必须向其他团队成员捍卫自己的意见。

## “自下而上”的目标制定：如何使用路线图

大型企业中的远程团队在制定目标时，最好不要只依赖那些早已存在的目标。它们虽然触手可及，却大多是瀑布般自上而下决定的。如果是团队领导指派目标，或者干脆由“顶头上司”空降，那么通常结果是团队成员对此缺少认同。诚然，团队目标与整个公司目标协调一致是十分重要的，但是每支远程团队在制定目标时也要关注许多与全公司无关的地方：包括不同员工的特别组合、日常生活中的实际困难、公开或隐秘的问题、梦想、个人忧虑，等等。

**小心陷阱！**

团队成员很难认同“上头”下派或团队领导指定的目标。

在第三章中，您已了解根据“SMART”模式定义目标时要注意的三件事：首先是个人愿景、忧虑和情感；第二是整支团队的机会与问题；第三是对于团队可能获得的最大成功的想象。“自下而上”这一口号再加上团队中的民主表决，保证了员工在今后工作中的全身心投入。

当您按照“SMART”模式定义了远程团队最为重要的三个目标后，请结合这三个目标描绘一下团队成功，这是规划路线图的基础。所谓路线图，无非是为了实现最终三大目标所需要的一系列中期目标。正如保罗在与伯恩德团队的座谈会上所展现的，有效规划路线图有四步。最理想的状态是团队分为三组，每组选择一个根据SMART模式定义的关键目标。

只需四步就可引导座谈会制定出路线图。我推荐“时间线”技巧，因为它同时顾及了潜意识，因此能引起更大的共鸣。

我推荐带有地锚的“时间线”技巧。它最初源自于自然语言处理（NLP），可以触及我们的潜意识。座谈会是在意识层面以外探讨潜意识层面的绝好机会。在我的团队中，时间线练习曾多次带来崭新的、令人惊叹的认知。比这更为重要的是这一技巧增进了大家的奉献精神。

## 以时间线方法制定路线图的四个步骤

所谓时间线，就是在地上画的一条象征时间轴的直线。如果不在现场，可以在电子白板上画出时间轴。如果所有人都在同一空间，他们可以站到时间线的不同节点边，以元计划卡的形式沿着时间轴分布各个地标。

**第一步：此地此刻。**团队成员们首先站到代表今天的时间线位置，从这一角度描述目标。请使用SMART公式的所有相关标准、措施、参与人员等定义目标。这一操作并非抽象，更确切地说，团队成员们是在脑海中进行了一次时间旅行，将自己完全放置在目标完成后的状态中。当所有人眼前都出现了深有同感的目标画面后，您或主持座谈会的导师可以让大家说说实现目标状态所需的中间步骤与里程碑，并做好记录。

**第二步：已达到的目标。**现在大家站到时间线的终点，也就是实现目标的地方。所有人思考：如何意识到目标已完成？出现了哪些事件？参与者有什么感受？您也可以问您的队员：我们错过了什么？还缺什么？此刻，团队以成功者的视角回头看，这支大功告成的团队可以给那个刚刚开始项目的团队什么建议。同样，一切都应书面记录下来。

**第三步：中期目标职责。**现在所有人都看向之前记录下的中期目标与里程碑。谁想承担哪个目标？团队成员们自己申请特定目标。其决定标准不应仅仅是项目中的功能角色，更为重要的是每个成员的个人优势，这是决定成员承担哪个职责的关键因素。

**第四步：融合。**最后，借助时间线技巧与分别负责某一个SMART模式定义目标的三个小组互相交流。在这之前，小组内部要对中期目标和每个人的目标分工达成一致。每个小组向其他两个小组介绍最终结果，而另两组的小组成员给予反馈。也就是说，他们应当对各个小目标以及在时间线演练中分配的职责进行批判性的提问。通过这一步可以调动全队的认知。

座谈会的全部努力都旨在回答内容、形式及责任人的问题。依据SMART模式定义的目标就是这个内容。路线图描述了形式。分配中期目标职责最终确定由哪个责任人来承担什么任务。这有双重结果：第一，高标准的清晰目标；第二，各自“拥有”特定目标及斗志高昂、全力以赴的团队成员。

## 授权及文化差异问题

授权在远程团队中扮演着中心角色。所谓授权，即指授予他人自主行事的权力与责任。我多年的经验证明，如果所有成员都拥有尽可能高的自治权，远程团队的运作就能达到最佳状态。在实践中，这意味着“自下而上”制定主题、平等对待团队领导与成员，以及在所有层面加强个人主观能动性。在像德国、英国、荷兰或斯堪的纳维亚诸国这样的西方国家里，这恰恰符合他们的文化和现世价值观，但是这一观点却与像俄罗斯、日本这种东方国家的文化与价值观相悖。这对一支国际性的跨文化团队会带来什么后果呢？或者换一种问法：来自等级制度盛行文化背景的团队成员，该怎样应对注重授权与自主决定的远程团队的领导风格呢？

请慢慢引领服从式文化背景的团队成员习惯于平等式领导。多点耐心与同理心，成功就在眼前。

为了阐释这一点，我参考了艾琳·迈耶的研究和她的著作《文化地图》[1]。她将全球文化共分为八个关键纬度。对于授权而言，领导方式是八个纬度中的关键。极端情况下，某一团队成员可能来自于高度服从个人权威的文化，而另一成员则习惯于平等协作的领导方式。在俄罗斯这样的专权文化中，权力与决定权唯领导所有，而团队则完全接受自上而下的决定。与之相反，在瑞典这样的平权文化中，团队中的所有成员都平起平坐，每个人都能发挥自主性，在确定的框架中独立做出决断。

根据我的经验，引导来自服从式文化下的员工适应平等的领导方式，比反过来独断专行地领导来自平等文化下的员工要容易得多。那些不熟悉民主架构的人能相对快速地适应平等的管理，反之，已经习惯民主交往模式的团队成员不可能接受独断专行的管理。我曾经领导过由欧洲人、亚洲人和非洲人共同组成的团队，其中没有哪个国家的人占据主导地位。在所有这些团队中，我采用平等的管理方式都获得了巨大成功。重要的是，以同步形式及早公布游戏规则，最好是在座谈会上。在向所有人解释您的管理方式后，请在接下来的时间清晰明了地贯彻始终。请您定期与所有人平等交流，收集反馈信息，表扬主观能动性，授予团队成员在既定框架下自主决断的权力。很快您就会发现：团队文化开始覆盖每位团队成员各自的固有文化。团队共事的时间越久，文化烙印就越不明显，团队的整体文化也越发显现。

## 成功接纳极端专制文化背景的团队成员

来自于极端专制文化的团队成员可能需要额外帮助才能适应平等、民主的游戏规则。也许得时不时鼓励他自己做出决定，自主解决问题，而不是简单地向上传递。对此，我总是坚持始终如一、耐心地对待个别员工，给予他们勇气，每每都颇有成效。尤其在面对俄罗斯等国家员工时，您必须有心理准备，这个过程会格外漫长，其学习曲线也更为平缓。

在座谈会及其他同步形式中，尊重对待所有文化至关重要。尤其请您也说说专权文化的优点。请您随机应变，在一开始多给来自专权文化的成员们一些指示。拥有这些员工，您可以组建一支纪律严明、全心实干的团队，他们无需赘言便可迅速投入工作。很多时候，这也是一种优势。尽管如此，对于多元文化的远程团队，我还是建议使用平等的管理方式。

**方法：**

请您尊重地对待所有文化。您尽可表扬专权文化的优点，如纪律严明。您也可以在一开始多给来自专权文化的团队成员一些指示，使他们慢慢习惯民主的管理方式。

不久前我接触了一个客户，他向俄罗斯出口日用品，却突然面临一个全新的、异常严格的市场调控。作为应对，公司必须彻底改变其在西方市场无往不利的市场战略。在俄罗斯，由于国家频频向西方公司发难，所以很难定义盈利目标。鉴于俄罗斯特有的文化，公司率先与俄罗斯方面的高管进行了一次会议，就面临的问题加以讨论，从而制定出了一套适合俄罗斯市场的全新战略初稿。

接着，轮到我上场了。我的任务是组织一次中层管理层的团队座谈会，即那些分别负责公司某一业务领域的管理者。当我们进行个人生命线操练时，成员们惊诧地发现，自己对数年来朝夕相处的同事的了解是如此贫乏。他们发现了各自的优势，制定出三个最重要的主题，按照SMART模式定义目标并最终绘制了相应的路线图。高管们看到结果都惊喜过望。他们认识到新战略的诞生还需要紧贴市场的宝贵信息。同时，他们也惊讶地看到，在短短的一天中员工们为新计划投入了多大的精力。有位高管甚至提到，这一操练为在市场中身处艰难的公司带来了“突破”。

## 如齿轮般紧密结合的目标所向披靡

如果您遵循本书推荐的方法，即确定团队最重要的三个主题，以此按照SMART模式制定目标，并根据目标绘制出中期目标的路线图，明确所有成员的各自职责，那么最后所有目标就会像齿轮一般紧紧咬合。这种“如齿轮般紧密咬合的目标”助力您获得全体成员的全情投入，防止个别员工隐藏自我的表现。每位团队成员的目标能否达成皆倚赖于其他人的目标实现情况，这种羁绊越强烈越好，因为这代表着增强的合作，更紧密的互动，也加深了将远程团队结合在一起的凝聚力。

如齿轮般紧密结合的目标有三个主要效果：

1. **授权。**所有团队成员都有自己的目标，实现目标时也能享受应有的荣耀：主观能动性、勇敢的决定和实干精神得到认可与尊重。在确定的框架中，团队成员有自主完成任务的权力。这降低了对领导的倚赖——同时激励了其他团队成员间的平等合作。

2. **绩效提升。**每个团队都可以分成三组：大约10%到15%是高效员工。他们是团队的中坚力量。70%到80%是可靠的团队成员。他们是实现目标、稳固成功的基础。还有大概10%到15%是绩效低下者。团队未必非要抛弃他们，但他们的产出确实少于平均水平。如果绩效低下者没有自己的战略年化目标，如不及时回复电话或电子邮件，他们就很可能隐藏自我。但如果所有目标都紧密咬合，且高效者能否实现目标也取决于绩效低下者的表现，就没有人可以躲起来，否则整支团队都会停滞不前。只要全部目标紧密结合，就会产生一种健康的集体压力，即使是绩效低下者也会被推动着至少达到可靠员工的水准。如齿轮般紧密结合的目标的一大优点是老板不必对绩效低下者施加压力，而是自然会产生一股推动团队提升绩效的集体压力。当然，老板要始终掌控全局，在需要时提供帮助。在“沟通”这一部分中，我还会进一步谈到这个问题。

3. **凝聚力。**紧密结合的目标的第三个效果是团队中“凝聚力”的显著提升。因为目标的存在，所以团队成员必须更紧密地交流与合作；因为每个人的目标实现几乎都取决于其他所有人，所以团队凝聚力明显增强。

在这一章中，您了解了如何通过座谈会与您的团队共同制定紧密结合的目标，以及这些目标对团队的影响。在我领导的团队中，这一方法屡试不爽。最理想的状态是没有任何成员能隐藏自我。只要这种健康的集体压力能逼迫绩效低下者至少上升到平均水准，就已经足以提升整支团队的绩效。

# 05

第五章

# 让员工愉悦胜任工作的理念与方法

伯恩德跑得更快了，能感到脖子在淌汗。他感觉身体良好，呼吸均匀，肌肉、关节充分舒展，节拍完美，一切和谐统一。他很喜欢去健身房，尤其喜欢耐力练习的最后阶段，感觉身体越来越轻盈，均匀的运动令身心和谐。今天晚上感觉格外强烈，应该是内啡肽分泌多，他想。不过无所谓，舒服就好。这时他的脑海中又浮现出资金问题。他们得更高效，最终更便宜地施工。他想起座谈会快结束时与保罗的讨论。他们一致认为，必须找到有过以极低成本建造房屋经验的人。从某种程度上说，伯恩德养尊处优惯了。他回想着自己在德国的一系列成功项目，预算从来不是问题。当然他必须始终展现其高效专业以赢得招标，但是每次预算最终都绰绰有余。他还从来没遇到项目做到一半不得不重新规划的情形。我估计加拿大的克劳德和我一样被宠坏了，他想，总之，我们得找到人——我们一定会找到人的！他横下一条心。

神清气爽，充满干劲，伯恩德忍不住想立刻开始工作。查会儿资料，打几个电话，他思忖着，这样就能找到擅长低成本施工的人了。但接着他打消了这个念头。不，不能这样！我的团队都是想要熠熠生辉的明星，为什么我又自己承担一切重要职责了？至少我有克劳德，他可是个天生的社交高手。他认识的人遍布全球，而且似乎也乐于与他们时不时互通有无。

伯恩德结束在跑步机上的训练，用摆在一边的消毒剂清洁了一遍把手，然后起身去淋浴。很幸运，淋浴房里只有他一人。他把花洒完全打开，感受水花舒适地按摩着自己的脑袋和身体。他在冷热水间不停转换，洗完后感到自己犹如新生。他穿上衣服，走向前台。他在柜台前站了一会儿，用苹果手机给克劳德写了一封电子邮件：

> 克劳德，你有兴趣激活你那绚丽多姿的朋友圈吗？请给我们找个拥有以极端低廉的成本建造可居住住房经验的人吧。祝你好运！

晚上八点整，伯恩德到达了位于汉堡北部面积宽敞、现代简约的住所。他和妻子维贝克以及女儿蕾娜一起住在这儿。为了填补对于成功的饥渴，他涌起一股想要美餐一顿的强烈欲望。顺着美味的香气走进餐厅，维贝克向他献上欢迎的一吻。她已经摆好了餐具，甚至还点了一根蜡烛。

团队必须立刻高效施工，节约成本。伯恩德克制住了想要亲自寻求解决方案的诱惑。他相信“社交高手”克劳德。他会找到帮忙的人。

一周后的中午一点不到，伯恩德坐在办公室，准备开始团队电话会议。像往常一样，他做好议程安排并发给了所有人。进行网络会议的全新软件网讯比空传稳定得多。他提前5分钟打开程序。首先响起的是安妮明朗清亮的声音。

“你好，伯恩德。最近好吗？”

“哦，非常感谢，安妮。我很好。你总是这么准时。你还好吗？”

“好极了。我的小女儿感冒刚好。这几天我也和政府谈了几次。他们正期待着我们对于预算调整的意见。我听说今天还有一个专家来参加会议。”

享誉国际的巴西建筑师皮拉加入了团队。她曾用可回收材料在棚户区建造住房。她一定能想出一个好点子。

“嗨，各位，你们好。”这是来自非洲的琳达自信的声音。

伯恩德看了看钟，现在是12点58分。会议应该能准时开始。

“来自阳光明媚的蒙特利尔的衷心问候。”这说明克劳德也来了。

“大家好，热烈欢迎，”伯恩德心情愉快地开始会议，“正如你们在议程上看到的，我们今天的主题是高效施工。多亏了克劳德，我们联系到了一位享誉国际的巴西建筑师。她曾用可回收材料为圣保罗的棚户区居民建造过房屋。她名叫皮拉·鲁伊兹，似乎非常有兴趣加入我们的团队。她的实践知识能否运用到我们的项目中来？我拭目以待。我们马上就会和她一起讨论。克劳德，皮拉准备好加入会议了吗？”

“是的，她已经在待命了。我们随时可以邀请她。”克劳德回答说。

“好的，把她拉进来吧。”

在“哔”的一声后，皮拉上线了。

“女士们、先生们，早上好，晚上好，就看您在哪儿啦。”皮拉和大家打招呼。

“我可以叫你皮拉吗？”伯恩德问道，“很高兴你加入我们团队，皮拉。你能简单介绍下自己吗？”

“没问题。我叫皮拉·鲁伊兹。我是建筑师、城市规划师以及住房建筑专家。我的家乡在巴西。我在美国上完大学后又在里斯本工作了几年。回到圣保罗后，我作为自由职业者指导了多项创新项目。克劳德在电话里和我一说，我就立刻被你们的项目吸引了。我很愿意加入你们。发生了这样可怕的灾难，我衷心希望帮助特朗斯蒙塔尼亚的人民。”

“谢谢你，皮拉。我想问一下，迄今你最重要的项目是什么？”

“这我可以不假思索地回答，就是那个棚户区项目。为此，我们还在达沃斯被授予了可持续发展奖。我们用可回收材料以极低的成本翻新了圣保罗的整个棚户区。通过这种方式，那里的孩子们的头顶第一次有了真正的屋檐。房子能提供家庭生活所需的一切。没有更多，但也绝对不少。”

皮拉的建议让整支团队立刻活跃起来。琳达提示克劳德项目的社会需求，并自告奋勇帮助皮拉熟悉情况，给予一切需要的解释。

“哇，太棒了！”琳达喊道，“真高兴你加入我们。”

“那么，你也知道我们的问题，”伯恩德平静地说道，“你有什么建议？”

“我看了慕课提供的方案，有许多地方可以在不影响原有设计的前提下简单地使用其他材料替代。这得和组织慕课的教授商量一下。此外我们还要顾及当地建筑工人的建议，保证解决方案符合他们的传统。我们可以为此建立一支远程小团队，让我施展我的知识和经验吗？”

“听起来不错。克劳德，你能承担管理工作吗？毕竟你还和组约那边的大学有联系。还有安妮，你能召集当地的建筑师吗？”

“我直接和教授谈，”克劳德说道，“伯恩德，这意味着我原先承诺你的工作时间延长了，但没关系。我们现在在未知的水域航行。我十分期待与皮拉一起，带领我们扩大的团队寻找解决方案。”

“谢谢，克劳德。”伯恩德说。

“不管怎么说道，现在没法按照原先计划施工真是可惜。”克劳德补充道，“因为这些设计太天才了！如果我们的房子参加世界建筑展，绝对能获得‘智能设计’类别第一名！但是——这就是生活。”

“我们现在是在为深陷困境的人而努力，克劳德！”琳达发声了。“所有这些展会和金光闪闪的奖杯是很好，没问题。但是，我们应该正视我们的目标，那就是在冬天到来前为那些成千上万无家可归的人们建造一个住处。”

“是的，你说得完全正确。”伯恩德说道，“我们不会忘了最初目标。这一点你尽可放心。”

“对不起，”克劳德打断道，“我自说自话地给教授发了条短信。他同意了。”

“你知道我对于团队会议中开小差做其他事的态度，克劳德。”伯恩德用略带责备的语气说道，“但是我很高兴教授愿意加入，谢谢。”

“对不起，我能说几句吗？”琳达开口道，“现在皮拉初来乍到，让我和她先私聊一下怎么样？我可以向她介绍每位团队成员，告诉她每个人的职责以及我们目前的进展。我还可以教她怎样在线找到每个文件。”

“非常好，琳达，”伯恩德说道，“非常感谢你自告奋勇。”

“很高兴你愿意这么做，琳达。”皮拉用她的高昂声音和拉丁口音说道，“那我们就这周约个时间吧。如果你之前有什么问题，就给我打电话或者发短信。”

“那就由我来定一个时间召开新的工作小组会议吧。”克劳德说道，“皮拉、教授和特朗斯蒙塔尼亚的建筑师们应该尽可能下周就接上头。”

“看起来好像我们已经有一个计划了。”伯恩德说道，他的整张面孔都散发着光芒。

这是第一次，伯恩德在会上无需多言。尽管如此，一切依然如火如荼地进行着。项目取得了重大进步，所有团队成员头脑清醒，随时准备着发挥自己的主观能动性。同时，伯恩德不禁再次回想起开始这个项目的初衷：把它作为进军国际市场的突破，同时很愿意成为把饱经创伤、无家可归的那些亚洲人救出困境的救世主。现在团队的大部分工作都无需他的参与，可是伯恩德却久违地体会到了内心的充实。他知道这仅仅是开始。他第一次感到，自己是一项宏伟事业的一分子。虽然还说不出个所以然来，但他能感到现在正做着的事比自己迄今为止所有的成功都伟大。这不仅仅是灾难救助，似乎有一种全新的东西呼之欲出，而他和他的团队正置身其中。

伯恩德发现自己需要操心的事越来越少。团队成员积极主动，随时准备着发挥主观能动性。同时他感到内心比过去更充实。

## 在“心流通道”中轻松愉快地工作

远程团队的员工通常独自工作。他们很少见到——甚至从来没见过其他团队成员。因此，自我激励的能力便成为关键的成功因素。什么东西能无一例外地激励全世界的员工？毫无疑问的是：乐趣！工作中的愉悦！得心应手的幸福感和积极的力量源泉是放之世界皆准、不依赖于任何文化的存在。那么，什么时候我们会感受到愉快、轻松和积极力量呢？通常是我们投入个人优势的时候，也就是说在能施展天赋与能力的领域工作的时候。一切都得心应手的工作状态也可以称之为“心流”。“心流”意味着任务与能力达到最完美的匹配。

您也许听说过心流理论。它是由匈牙利裔美籍心理学家米哈里·契克森米哈赖[2]提出的。除了匈牙利人，没人能正确读出这个名字，但这并不重要。这位心理学家及幸福研究者的理论中最关键的一点是所谓的“心流通道”，它指的是在要求过高与要求过低间的理想状态。在这种状态下，我们能忘我地投入到正在工作的任务中。我们全神贯注、精力充沛并且斗志昂扬，享受自己的活跃。心流意味着完全沉浸在自己所做的事务中。

如果要求过高，或者压力过大，那么团队成员就会感到力所不及、担心、沮丧，以至于无法完成任务。反之，如果任务毫无挑战，那么员工就会感到无聊、分心、心不在焉。最佳状态，即“心流”，是指要求与能力相匹配的领域。

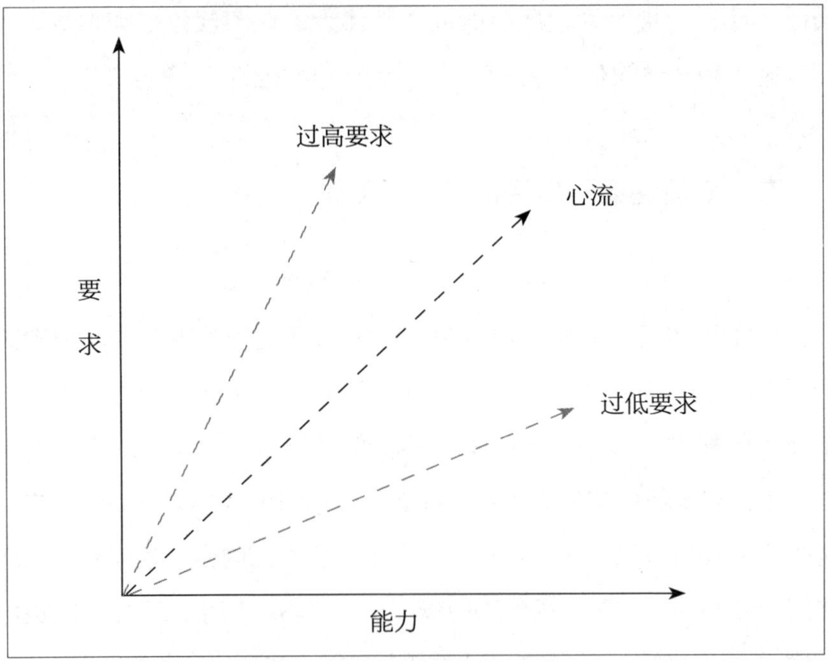


图 3 根据心理学家米哈里·契克森米哈赖的理论，
心流通道是指要求过低与要求过高的中间地带，
是一种完全沉浸在工作中的状态。（来源：维基百科）

如果您认识到团队成员的真正优势，如果您分配的任务能使员工在工作中感到轻松与愉悦，并进入心流状态，那么人们就不会不停看表，而是随时准备着以超凡的热情投身于工作。

## 发现团队成员优势的方法

我在第二章中已经提到过，现在有一些专门用于发现员工优势的电子工具，如盖洛普公司的优势识别器2.0。借助这些专业工具，您能发现每位团队成员的五项最大优势，并以此制定出能更好发挥这些优势的工作机会。这是一项综合性的工程，想要发现优势，还有更简便的技巧，其中有些不但精准，还能激发团队成员的动力。

在我做经理的时候，有时我会请每位团队成员用word文档简明扼要地写下他们最大的优势。对于那些难以认识并描述自己长处的员工，可以用一些简单的辅导提问帮助他们。您也可以要求他们两人一组现场或在线讨论，互相提出下列问题：

- 工作中，什么让你感觉轻松？
- 什么能给你带来力量与乐趣？
- 在过去，你最大的成功是什么？
- 什么时候他人会寻求你的帮助？
- 你经常和谁一块儿工作？你喜欢和谁共事？
- 如果你的同事询问你最大的优势，你会说什么？
- 你自认的最大的优势是什么？

提问环节最后，每位提问者也可以发表自己的观点："通过你的所有回答，我认为你最大的优势是……"这种在他人带领下进行的自我反省往往能产生全新的认识。这对于团队成员来说就是一次直接激励。当人们获得更多自信，感到自己的优点被他人认可，就能产生动力。

这次辅导练习结束时，你不但可以以内部视角，即被问者的自我展示了解员工的最大优势，同时还获得了外部视角，即提问者的评估。从中可以得出一份全体团队成员共享的"资源地图"，以使每个人都认识到其他成员的优势。此外，通过这种方式，大家越发坚信所有人都是独一无二、无可取代的。日后每当决定由谁长期承担某一额外任务时，都应以这张优势地图为基础。这一方式还有一个优点，那便是透明。不再会有人猜测质疑其他人的优先权。一切都可以追溯优势档案。

**方法：**

**请在团队中讨论个人优势，接着请您制定一份"资源地图"并与所有团队成员共享，以便每个人都了解其他成员的优点。**

## 如何利用天赋优势分配额外角色

把团队成员分成三组。首先是那些能力出众的人。他们有大局观，深知事物如何互相倚赖，互相影响。如果您是按照地理区域划分您的客户基础，那么这些多面手是与各个地方的关键人物保持联系的最佳人选。多面手善于倾听客户对产品与服务的新需求，并能将这些需求回馈给团队。所有与最终客户有直接联系或作为公司内部服务商的团队都需要这种多面手，如IT部门。当然公司中也有一些部门的职责便是与客户保持联系，如销售部与市场部。尽管如此，您还是可以将每支团队的内部客户与外部客户进行分组并分别安排多面手。这样可以促进团队与客户间的凝聚力。

每支团队中都有多面手、专业人士和团队协作者。如果您知道每个人的归属，就能有的放矢地分配额外任务。

第二组由拥有某领域丰富专业知识的专业人士组成。我把团队中的这类人称为各自领域的冠军。在新产品送到客户手中或提供某项服务之前，专业人士们应当给予反馈，并最终提出改善建议。质量保证往往不是他们在公司里的原有角色，而是一项额外工作。这一额外任务源自于他们在各自专业领域的优势与能力。专业人士给予反馈时，远程团队中便产生了额外的互动。这再一次加强了凝聚力，为克服团队分散做出了巨大贡献。

第三支人数众多的小组由那些能敏锐地察觉到他人需求，并对团队的积极氛围贡献良多的人组成。他们是团队协作者。团队协作者乐意承担的额外工作包括帮助新成员融入集体等。就像琳达对皮拉所做的那样。还有组织能增进团队凝聚力的郊游或派对也是他们的拿手戏。

每当我在研讨会上说起成员们应当扮演额外角色并承担由此而生的工作时，第一反应总是如出一辙："我们已经使出了150%的力！凭什么还要增加我们的工作量？"但是实践中则截然不同。如果团队成员发现了自己真正的优势，他们会非常乐于承担相应的新工作。乐在其中的人不会不停看表。心流的产生甚至让有些人根本不觉得额外的工作是工作。

## 以优势为基础的额外角色有何作用

额外角色有三个主要效果：工作带来更多乐趣，每个人得到更多认可与互动，团队凝聚力不断加深。

如果团队成员以他们的优势为基础承担额外工作，那就至少有三个积极影响。首先，所有人都乐在其中，因为擅长之事做来也轻松。第二，所有人都将获得来自其余团队成员更多的认可。个人优势得以彰显意味着动力的提升，这种动力对于独自工作的人尤其重要。第三，团队成员间互动增多，而这恰恰是远程团队始终需要的。多面手、专业人士与团队协作者承担额外任务，便是以他们的方式为团队凝聚力的加深做出贡献。

我的一位客户是业务遍布全球的日用品制造商。不久前，这家企业设立了一个新部门，主要负责所有欧洲项目的内部IT服务。这个部门主要由30位项目经理合伙经营，其中每个人都生活在欧洲的不同地方，因此也是一个网联部门。在一块儿进行优势分析后，我们发现了谁是多面手，谁是专业人士，谁又是团队协作者。虽然所有人都是项目经理，每日都要处理项目事务，但每个人都自愿承担了与其优势相符的额外职责。获得认可的前景使人们很容易接受并认可额外的角色。

我们让四位多面手负责按地理划分的四大区域，即企业眼中的管理单位。多面手与当地代表建立紧密联系，发现新产品需求，把最新状况传递给整个部门并开发解决方案。专业人士是企业资源计划（ERP）或客户关系管理（CRM）或IT基础架构方面的“冠军”。他们定期对每一个项目计划或商业案例等给出反馈，为工作质量的提升做出贡献。而团队协作者则负责建立一个伙伴体系，照顾团队中的所有新人及配合团队时间工作的自由职业者。

一段时间后，这个部门在所有集团总部评估的领域都斩获了出色的关键绩效指标。经济账目一丝不差，客户反馈有口皆碑，而在员工访谈中，所有问卷都写满了溢美之词。在与北美、亚洲、非洲及其他地区的兄弟部门的比较中，欧洲人的业绩遥遥领先，位列第一。尽管来自欧洲各地，负责不同项目，但所有人都感到自己是团队的一员。员工们联系密切，团结一心。这一效果很大程度上正是由于按照各自的优势承担额外任务而产生的。

## 个性档案助您利用优势，解决问题

身为管理者教练，我经常使用一种相对尚新的个性测试，即视觉化调查问卷，简称VIQ（Visual Identity Questionaire）。VIQ适合全世界员工，因为它全由图片组成，所以不会被人为操控。测试是这样的：参与者每次在面前的两张图片中选出更喜欢的一张。看上去很简单——但十分高效。为什么呢？因为绝大多数的个性测试结果都取决于对于提问的解读质量。此外，在面对传统测试时，大多数员工都会考虑测试者想要得到什么结果。因此，从某种意义上来说，许多调查问题的答案都是可预期的，那便是人们希望被认知的样子。但这种问题在VIQ中并不存在，因为人们无法凭直觉猜出图片与个性结构间的关联。

视觉化调查问卷是适合全世界员工的个性测试，因为它全由图片组成。它是国际远程团队的最佳选择。

VIQ的理论基础是卡尔·荣格和尤里乌斯·库尔的人格类型理论，其基本构架由四个维度组成，我在括号里补充其相应的英语概念：

1. 内倾或外倾（introvert/extrovert）
2. 思维或情感（thinking/feeling）
3. 感知或直觉（sensing/intuitive）
4. 判断或了解（judgemental/perceiving）

第一维度（内倾或外倾）指的是人类感知世界的方式。如外向的人更随机应变，也更有兴趣尝试新的体验。第二维度（思维或情感）展示的是人们做出决定时更遵循逻辑、更客观还是更听从感情、更主观。第三维度（感知或直觉）主要通过人们是更在意细节、更缜密还是更相信直觉、更重全局进行区分。第四维度（判断或了解）最终显示某人是更倾向跟踪长期的、明确的目标，还是总体更为开放、灵活，能快速应对变化的局面。

对于远程团队来说，这一个性测试能带来许多可能的认知：某人特别的天赋在哪里？还有什么改进的地方？遇到矛盾会如何应对？是领袖人物还是忠诚的执行者？您可以在网上找到更多VIQ的信息，还可以亲自在网上参加测试，并与某位拥有VIQ资质的教练取得联系。（顺便说一句，我也是其中之一。）在这里，我想单纯说说这一个性测试的实际结果。更好地了解团队成员的个性结构，有助于您更快速地解决问题，提升团队合作的总体效率与成效。

**方法：**

为了更好地评估团队成员的优势，认识他们的发展潜能并了解其在争端中可能的行为方式，请您引入个性测试。

按照VIQ的结果，每个团队可以分别根据团员的思考、行为方式分为四个小组：展望者、计划者、实施者与批评者。这些小组刻意由个性相近的人组成，任何情况下都应当先在各组内进行沟通并制定解决方案。在我的研讨会上，个性特质相近的人合作之流畅与多产总是一再令我惊叹。如果现在产生了问题，或您需要创新的想法，请您分别听从所有四组的建议。这四组每次都会从不同的视角观察同一个问题：展望者们面向未来，确定能激励团队的新目标。计划者们制定清晰的分阶段目标以解决问题。实施者们决定分工，并随时准备立刻分头行动。批评者们则能认识到风险与陷阱，并思考如何加以规避。

根据人们不同的思考与行为方式，可以将他们分为展望者、计划者、实施者与批评者。请您定义各个团队，充分利用他们不同的视角。

接下来，请您再把四个小组召集起来，让每组向其他成员展示他们的认识与建议。这时四组队员的表达方式之不同又将再次令人惊讶。在全员会议上，每一位团队成员将面临三种截然不同的思考方式——它们来自于他所不属于的那些小组。这对所有人都是一种巨大的积累。最后大家一起讨论每个小组的展示成果。现实的目标是将各项建议融入一个面面俱到的全盘计划中。

这一方法的技巧是将讨论放在最后。如果您随意划分小组，令那些性格迥异的人彼此交流，那么大家很快就会不可收拾地争论起来，反而忽略了重要的主题。如果用这里建议的方式，先将个性相同的人分组，那么整个过程便会十分和谐，最终所有人都对结果感到满意。只有在之后的大讨论环节才会进行争论，以此能获得来自四种不同观点的有价值反馈，并最终综合四家之长。这样做不仅能确保良好的结果，还可以避免团队成员全程不停争吵。另外，如果在小组中总能遇见一拍即合的人，也能明显提升团队的凝聚力。

## 优势管理的助推剂

想要认识个体的优势与思维方式有多种办法，但是有效利用个人优势的关键却万变不离其宗，那便是认可。如果团队成员因为自己的优点而得到认可，那么他们也会将其投入到工作中。遗憾的是，绝大多数公司都吝惜给予认可。请您扪心自问：您的一生中获得的认可是否足够多到令您应接不暇？可能并没有吧。或许您甚至还会想起那些您明明做出了杰出成绩却完全没有获得认可的时候？

最常见的辞职理由并非是对公司理念缺乏认可或者薪资太少。第一位的辞职原因是员工与他的直接上司产生了不可调和的矛盾。那些辞职员工提到的最主要的问题是什么呢？他们说道，他们的上司从来不认可自己的工作。有一些甚至声称数年来从未得到过上司哪怕一次的表扬。因此不同的研究最终得出了同一结论：员工离开的并非公司，而是他们的上司。

**表扬永远不嫌多**

德语中有一句谚语："不抱怨便是赞扬。"其实，这句话反过来说才是正确的：表扬永远不嫌多！比起现场团队，远程团队缺少可以激励员工的每日社交，因此表扬显得更为重要。如果有人从来得不到同事们的笑脸或一次鼓励的点头，那么必须有计划地进行仪式化的表扬。

在成员分散于全世界各地的大型远程团队中，这一问题更加尖锐。团队成员们各自为政，鲜少与他们的上司沟通。我总是不断听说那些完全忽略表扬与认可的远程团队，其员工甚至比在大型企业中更加迷失自我。而我则有意识地做出改变。有些事您应当知道：我是五个女孩的父亲。一位太太，一次婚姻，五个女儿。作为父亲，同时也作为国际经理人，无论过去还是现在，我始终秉持着同一个秘密方法：首先是表扬，第二还是表扬，第三仍是表扬。

我究竟如何理解表扬？首先，表扬的前提是专注。请您专注地观察您的团队所取得的每一个小小进步。请您表扬每位团队成员做出的每一项积极贡献，哪怕它并未对项目的进展产生关键影响。同时，您还要表扬每一种形式的良好合作。请认可所有能推动团队文化的事。

远程团队的成员几乎从不见面，也几乎不会在非正式谈话中获得表扬。因此认可应当成为定期团队会议中的保留节目。

因为远程团队的成员几乎不会见面，也很少有私下谈话的机会，所以您应当把表扬变为一个固定流程。在本书的第二部分我会具体讲一下这方面的细节。重要的是无论贡献大小，所有人都应得到表扬。

每个团队都有“幕后英雄”。我说的幕后英雄是指那些处于公司等级构架底端，却为项目成功做出关键贡献的员工。这些幕后英雄的成就往往得不到他人的关注。例如，我曾带领过一支在一家大型企业中负责东欧、近东和非洲的IT团队。IT工程师们在乌兹别克斯坦40℃高温下安装屋顶发射天线，而另一些人则为了解决玻璃纤维线问题在俄罗斯室外零下20℃的环境下挖掘结冰的土地。类似贡献在许多远程团队中根本得不到关注。IT团队的成员往往过分注重软件，却根本不在乎基层问题如何得以解决。如果最高层经理愿意给他们写哪怕只有两行的邮件，附上一句朴素的“干得好！”真的会在这些幕后英雄身上产生奇迹般的影响，显著提升他们的绩效与动力。

什么样的表扬能在远程团队中产生最佳效果？首先，最关键的是真诚。请您只表扬那些在您看来真正值得认可的贡献。其次，您应当注意在表达不同程度的认可时使用不同的话语——根据每人取得的成绩与投入多少灵活应变。否则表扬很快便会失去效力。

# 第二篇

# 远程团队管理的
# 要素与手段

06

第六章

# 跨时空沟通交流的实用技术与监管措施

项目进行了三个月后，伯恩德对于混乱的文件存放状态深感气恼。他迫切需要更好的文件管理。他想要一名私人助理。

伯恩德越来越生气。这是汉堡的一个雨天，他坐在办公室里。尽管已接近中午，他仍开着台灯。此刻他正郁闷地盯着电脑屏幕。他本想看看最新计划及进展汇报，但就是找不到它们在哪里。他已经花了一刻钟寻找特朗斯蒙塔尼亚当地建筑工人施工计划的最新版本。输入“施工计划”后，搜索功能找到了一大堆符合项，他已经打开了所有可能的文件，但至今仍未找到正确的那份——不是老的版本，就是名字相近的文件。发生这样的事已经不是第一次了。慕课设计的最新版本以及众筹运动的最新进展报告也是花了很久才找到。

伯恩德的团队选择了谷歌工作驱动（google work for drive）作为云存储器及文件管理的基础。最初这似乎是一个理想的解决方案。谷歌驱动在各种电脑如苹果电脑及移动设备上都同样出色。它实现了轻松上传以及多人使用同一文件的舒适功能。但是三个月后情况变得很糟糕。虚拟硬盘上存着一切可能的数据——各种陈述报告、Excel表格、照片和视频，应有尽有。一开始有一个逻辑清晰的文件存放体系，但是在此期间出现了越来越多的新文件夹，它们都是团队成员们从全球各地加入的。

“真不知道这些人怎么能在这样一堆混乱中找到自己想要的东西。”伯恩德生气地嘀咕道，“反正我是觉得很难过。现在我来问问安妮建筑计划在哪儿，她得把链接发给我。”

该给她打电话吗？安妮这儿现在是傍晚时分。“不，我给她写一封电子邮件，并抄送给所有人。”伯恩德最终决定，“我们现在必须一劳永逸地解决这个问题！”伯恩德的邮件包含两点：他请安妮发送最新版本建筑计划的链接，其次向所有人征询数据整理问题的解决方案。他脑海中闪过一个念头，是否应该干脆委托某人优化文件存放体系，并在未来承担云存储器的维护工作。但是，最后他决定先听听其他人的意见。

几天后，伯恩德又遇到了同样的问题。他就是找不到想要的数据。令他更为生气的是，没有人回答他该怎么解决问题。“我迫切需要一个助手，”伯恩德想，“我可不想浪费工作时间寻找数据！”伯恩德已经有一名兼职助手帮他处理德国的项目，她是一位45岁左右，能干、友好且井井有条的女士。可惜她的英语不够好，无法应付国际项目。“我问问克劳德。”伯恩德最终决定。他什么人都认识。伯恩德很快发了一条空传消息：

嗨，克劳德！我急切需要一名助理。你有认识的人吗？

午饭时伯恩德的手机响了，是克劳德的答复：

助手是正确的关键词，不仅仅是你需要助手，而是我们所有人。不仅仅是汉堡，而是整支团队所需。最好是个帮助我们整理文档体系、管理数字工具的电脑高手。

网络助手是下次团队召开网讯会议的重点议程。这一天伯恩德在家工作，因此穿得十分随意。会议开始前5分钟，他打开网讯。皮拉与安妮立刻加入进来。

"你好，安妮，你好，皮拉！特朗斯蒙塔尼亚的天气怎么样，安妮？"

"现在已经是夏天了。气温在25℃到30℃之间。这是开始建造抗震房屋的理想条件。"

"里约呢，皮拉？"

"你好，伯恩德！今天终于下了点儿雨。"

这时，克劳德和琳达都加入了会议。所有人都准备就绪准时开始。

伯恩德请克劳德和皮拉汇报建筑计划的改动。想知道皮拉在贫民区项目中的实际经验如何结合到项目中。

"女士优先。"克劳德说。

皮拉很快就适应了角色，她非常清楚建筑计划应该进行哪些修改。克劳德将纽约的教授和他的团队招入麾下。所有人都在往一处使劲。

"首先，非常感谢克劳德能在那么短的时间内动员教授和他的团队加入我们。我们进行了一场卓有成效的研讨会。很快，我们便就为实现更高的成本效率应当做出的改动达成一致。教授极为灵活多变，他立刻着手工作，并承诺他和另一位同事会在三周内提交修改后的建筑计划。"

"皮拉非常清楚必须做出哪些改动，"克劳德补充道，"我认为我们很快就能实现目标。"

“皮拉，谢谢你这么快就进入角色。”伯恩德表扬道。

“我要把感谢转交给琳达，是她介绍我与安妮以及克劳德相识，而这两人则花了很多时间向我解释一切我需要知道的信息。”

“非常乐意，”琳达说道，“这是我的荣幸。”

“大家都做得非常出色。”伯恩德总结道，“我很高兴你们这么井井有条。”他补充着并露出了意味深长的笑容。

“现在，我还要说一件重要的事。”伯恩德继续说道，“你们还记得我上周的邮件吗？我总是要费很大工夫找文件，也常常不得不麻烦你们给我发相应链接。上周我问你们知不知道该怎样解决这个问题，却没有得到答复。还有，我们拥有出色的文件评论功能。尽管如此，大家还是通过邮件、空传或其他可能的方式发表意见，导致谷歌驱动的最终版本里的评论总是不够完整。”

伯恩德宣布短暂休息。在此期间似乎没有人想说什么。

“我已经和克劳德简单交流了对这一问题的意见，”伯恩德继续说道，“我认为我们需要一名网络助手。他不仅要能井然有序地工作，还得熟悉IT。我们需要有人维护系统与文件。”

琳达推荐年轻的保加利亚女孩斯黛拉作为伯恩德和团队的网络助手。她的专业领域是高效的电子数据管理。此外，她的薪酬也很低廉。

这时琳达发言了：“我曾在自己的项目中与一位来自东欧的年轻女性合作过。她叫斯黛拉，来自保加利亚。斯黛拉还在攻读经济学学位，但已经积累了许多协助远程团队的工作经验。在当时的项目中，她不仅仅是一名网络助手，还负责高效的电子数据和知识管理。这显著提升了我们的生产力。此外，她的薪水非常便宜。我要和她联系吗？”

“听上去是个不错的主意，”克劳德说道，“我还从没和保加利亚人共事过。”

“请把她的简历和薪资要求发给我，”伯恩德说道，“然后我会安排一次斯黛拉的面试。”

两天后，伯恩德坐在慕尼黑机场汉莎航空公司的商务休息室里。他坐在隔断的一块工作区中，开始用平板电脑上的空传与斯黛拉通话。他刚按下绿色按钮，斯黛拉就接通了。

“早上好，施密特先生。很高兴您对我的成绩感兴趣。”斯黛拉20岁出头，说话有些慢，带着轻微的东欧口音。尽管如此，她看上去十分自信。

“早上好！在我们的项目中所有人都以‘你’相称。这点你觉得没问题吧？我是伯恩德。”

“当然。我是斯黛拉。”

年轻的女孩朝着摄像头微微一笑。不过，伯恩德觉得她仿佛就在面前直接对着他笑。他发现自己很快就对斯黛拉产生了信任感。她已经通过了三秒钟测试。伯恩德坚信相遇的最初三秒就足以决定我们是否愿意与某人合作。这就像我们看油管（youtube）视频，三秒就能决定是否看完。

在电话中，斯黛拉就以她的专业知识、条理清晰的行为方式及她的主动性打动了伯恩德。这位自信的年轻女孩立刻就被录取了。

“斯黛拉，我们现在遇到了一个问题，所以我们找到了你。”伯恩德用就事论事的语调解释道，“我们项目的文件越来越多，已经找不着头绪了。此外我们的时间也不多了。我们必须锐意创新，尽可能快速高效地建造我们的新型楼房。到时可能有许多人参与项目——慕课的大学生们，一位教授与他的团队，现场的建筑工人，等等。在过去的三个月中我们创建了许多文件，最近我感到想要找个东西变得越来越困难。另外，团队成员们使用各种各样的渠道发送消息——友通应用、空传、微拨（Viber），等等。我觉得我们现在必须把一切整理统一起来，不然很快每个人都会对项目产生不同的想法。”

“伯恩德，琳达曾提到你们用‘谷歌工作驱动’作为云存储器和文件夹。你们怎么处理多人同时使用的静态文档？是不是每次都有一个最终的确定版本？你们又是怎么处理动态任务的——如新的点子、有用的链接或个人更新？”

“老实说，我们至今没有分类。云存储里的一切都乱七八糟。”

“那么，每个人的职责范围呢？谁负责设计，谁负责建筑，谁又负责测试？”

“分别是项目中的负责人。但是我们没有一个统领的构架，也没有全局管理人。”

“好的，我明白了。我所参与的其他远程团队也曾面临过这样的挑战。你们的问题确实比较普遍。我想你们可以继续使用谷歌驱动上传静态文件，但是得设置更多的流程和规矩。至于在线讨论和个人更新，则需要其他的平台，如不对外公开的脸书（facebook）小组。我很愿意给你一些建议。在这种项目中，知识管理是至关重要的。”

“听上去很不错。在下周我们召开下一次电话会议前你能做完吗？”

“当然，伯恩德。前提是得有人帮助我熟悉你们的项目。有人能帮我吗？”

伯恩德非常喜欢斯黛拉有条不紊的做事方式。在极短的时间内斯黛拉向他证明了自己的能力。

“我会让琳达帮忙。你们本来就认识，而且她也很愿意做这些事！”

## 技术与激情的结合

在私人生活中，我们热情地使用电子技术与人联系。在商务世界中，我们也应当将最新的科学技术与激情结合起来。

如今，我们越来越依赖电子信息技术。您还能想象没有事先设置好导航系统或查看过谷歌地图路线就驾车出行吗？通过网络，各种各样的信息都能随时调取。同时，也出现了越来越多使我们的生活更为便捷的电子帮手。离全面网络化只有一步之遥。“万物因特网”已近在咫尺。这些在日常生活的每一领域都已司空见惯的技术才刚刚开始在全球贸易中崭露头角。电子技术已变得不可或缺。没有电子邮件和网络视频会议的国际项目早就无法想象。为即时合作开发的电子工具也日益精细化。尽管如此，技术究竟有多好，与人们如何使用密切相关。科学技术究竟怎样才能真正明显改善人与人之间的合作？在我看来，这一问题只有唯一的答案：想要真正取得杰出成绩，就必须将最新的科学技术与激情结合起来。

在个人生活中，我们如今最喜欢用电子技术与亲朋好友保持联系，或者获取感兴趣领域的最新信息。如许多人用空传与全世界的朋友交流，得知他们生活的近况。类似的还有脸书等社交媒体，它们使我们能与更多人保持联系。可以说我们是激情洋溢地在日常生活中使用着电子技术。那么在商贸语境中，结合技术与激情又是什么意思呢？您该如何鼓励员工通过电子技术与他人共享知识，并以这种方式创建一支生机勃勃、高效高产的团队？

此处的关键在于不同特征下的知识管理。就我的经验而言，只有每位成员全身心发挥自己的优势，依赖电子技术的知识管理才有可能成功。如果您的团队拥有精通专业且充满热情的顶尖专家，您就能获得最佳的知识管理。这些专家将自己的知识视为个人特长，自然有与人分享的意愿。此时，远程团队的管理者应当善为正面榜样，以身作则，随时使用电子媒体分享知识，才能激励专家们纷纷效仿。总之，如果您拥有真正的顶尖专家，并能鼓舞以促使他们随时分享知识，那么您就能很快创造出合适的技术环境，使这些知识真正服务于您的业务。

## 沟通合作中不可或缺的电子技术

只要您的所有员工并非在同一场地办公，您就需要电子技术。即使您的核心团队在同一个办公室，只要有人（偶尔或始终）在家办公或者以自由职业者的身份一项一项地支持您的团队，电子技术就不可或缺。想要跨越地理距离保持团队的凝聚力，您需要哪些技术呢？首先是电子邮件和即时信息工具，两者如今已成为我们职业生涯与个人生活理所当然的组成部分。为了更好地管理电子邮件和即时通信工具，值得投入一些资金。通过这种方式可以提升团队的创造力。电子邮件越来越普及的同时也产生了数量巨大的垃圾邮件，尽管有诸如此类的缺点，它仍是贸易往来不可或缺的工具。在第四章中我就提到，在远程团队中制定一个所有人回复邮件的时间框架是非常必要的，期限为24小时。

**方法：**

电子邮件应始终言简意赅，请为邮件起一个简明扼要、包含核心信息的事由标题，并写清楚您期待收件人做出何种回应。

电子邮件和即时通信工具在当今已不可或缺。电子白板和工作流工具也变得越来越重要。只有制定这些技术使用的共同规则才能真正高效工作。

如今，和电子邮件一样不可或缺的是聊天工具或形式多样的即时通信工具，如友通应用或脸书信使（facebook messenger）。哪怕团队成员为了更集中精神或更创新地工作而关闭电子邮件程序（包括邮件提醒功能），也往往能在聊天或即时通信工具上找到他们。远程团队可以约定只在发送紧急通知或者需要快速简短回应的情况下使用即时通信。您最好与您的团队确定只使用一种即时信息工具，如苹果信差（iMessage，假如所有人都使用苹果设备）、友通应用、脸书信使（Facebook Messenger）、空传、电报（Telegram），等等。同样，应就即时信息约定一个固定的回应时间。在这种情况下2到3小时是比较合理的。通常人们会在这段时间的高度集中工作或会议结束后休息一会儿。现在也有些公司规定，在特定时间内不得发送即时信息，如当地时间晚上8点到早上6点间，以此可以确保员工能得到充分的休息，毕竟始终在线也可能变成巨大的压力。

另外，两种在商业世界越来越重要的技术是电子白板和集体工作流工具（群件）。电子白板使网络或视频会议的参与者能够实时修改与会者审阅的文件，它是互动的头脑风暴、分组讨论或者探索新想法的理想选择。对此能有众多选择，从非常专业的理光白板到简单免费的软件，如谷歌工作智能手机客户端（Google Apps for

Work）。谷歌客户端可以与谷歌驱动联合使用，用于传送及实时共同修改文件。至于工作流的工具，我指的并不是像思爱普（SAP）这样重磅的企业资源计划（ERP）系统，前者当然也能形成工作流，但我指的是能实现将特定任务授权给团队成员的智能化的实用性电子应用软件。人们可以将全部的工作进程（分配任务前与分配任务后）存储在这些应用中，以便日后随时提取。比如特雷略（Trello）就是这样的一种软件。

在我所主持的研讨会上，人们经常会问什么样的系统最适合管理休假时间。如果您的团队还没有一个成熟的人力资源管理系统，我在此推荐大家共同使用一个简单的谷歌日历。它功能充足，可以灵活输入并通览全体成员的休假时间。

## 如何为您的团队挑选合适的电子技术

挑选电子工具有两种本质不同的方法："最佳品种"（Best of breed）或"一站式购物"（One stop shop）。"最佳品种"指的是为所有单个要求分别挑选最佳产品。"一站式购物"则意味着您选择一位巨头信息技术供应商，如微软，并从这一供应商处获得所有或几乎所有解决方案。近年来，出现了多次进化周期。在软件刚起步的时代，大多特定需求确实只有一位供应商提供最佳解决方案。如果您支付得起高昂的解决方案费用，确实能得到最佳服务。接着则是拼盘供应商的大时代，如思爱普（SAP）。您可以从一人手中获得所有服务，这大大简化了信息技术的融入。如果您预算充足，这是最佳选择。

如今，您有无限可能使用应用程序，并将它们纳入您的信息技术版图。为了更有效地工作，您应当尽可能减少每一任务所使用的客户端（App）数量。

如今的世界再度巨变。我们生活的时代充斥着上百万应用和云解决方案，融入不再是问题。也就是说，您几乎可以寻找任何您喜欢的应用或程序，并将它们纳入您的信息技术版图。

如今我们需要的是实用主义方法。您可以寻找最适合您的应用程序，但每一工作领域的程序数必须尽可能降到最低。如拥有一种即时通信工具和一个视频会议系统就足够了。您使用的应用越少，您的沟通就越灵活，需要的信息技术支持也越少。大型企业中，当然也要注意整个组织遵循的数字战略，但大多数时候每个团队也拥有为数众多的免费应用可供选择。我建议最开始可以选择那些最受欢迎的应用，然后每隔一段时间，如1年，检查一下是否有更好的解决方案。

## 电子技术的局限

电子技术实现了许多不可能，但并非无所不能。人与人之间的见面与交流仍然重要。此外，电子沟通有其自身的陷阱，必须小心对待。

电子技术使得跨越大陆与时区成为可能。但是它真的能始终有效地把大家联系起来吗？电子技术是否无所不能？还是说有时人与人之间的直接交流是无可取代的？我在第一章中就说到过，远程团队能高效合作的前提是全体团队成员至少有一次互相见面并彼此了解的机会。我推荐的如“个人生命曲线”这样的座谈会能使人们互相认识，并为之后的人际关系打下基础。引入电子技术是为了保持人际关系，而不是建立人际关系！为了维系关系，也需要定期通过电子渠道交流个人生活。个人经历的更新与项目信息、专业讨论及解决问题同样重要。我在本书的其他章节也指出，永远不要在公众场合发表批评性的反馈。请您永远在一对一的谈话中对某位团队成员提出批评。如果网络或视频会议录像会保存，则公开批评所产生的问题会更加严重。请您想象一下，如果控制不住自己，在这样的会议上严词攻击了某位团队成员会有什么样的后果。紧接着您一定会后悔莫及，但无法回头了。之后对于会议的每一次回顾，您的批评都会反复播出。

总的来说，我建议定期与所有团队成员进行一对一的谈话——不仅仅是需要批评时。如果出现问题，您却等到下一次定期会议才讨论，很有可能为时已晚。因此，也请您始终保持与个别员工的“短线”交流。我建议远程团队的管理者每月至少安排一次与所有成员的私人谈话。在谈话中你们可以交流过去四周取得的成绩，如果有什么不对的地方，您也可以及早指出。一旦真的出现了严重问题，您也可加以干预，当然不要在公开场合，切记始终保持一对一的状态。目标永远是了解其他团队成员的观点。远程合作有其特殊之处，应当始终谨慎有加。

还有一点我认为也非常重要：即使是最先进的技术，也无法改变居家工作有时会让人丧失动力这一事实。虽然在远程团队中身经百战，我也始终面临这一问题。现在我在家工作的时间很长，有时也会想念团队成员间的面对面互动。我建议此时可以创造一些会面的契机，以便重回正轨。您必须反复确认每一位团队成员在远程合作中的状态。如当非常外向的人不得不长期在家工作时，就很有可能丧失动力。请与您的员工交谈，了解他们的最新情况。

总之，电子技术是远程团队得以高效合作的不可缺少的组成部分。但是也请您确认您的团队成员是否全身心投入。同时，您也要认识到通过电子技术进行合作的局限。无论如何，您必须安排至少一次所有成员的见面会以及定期的一对一电话会谈。好消息是，现在有越来越多的技术可供选择，想要融入现有的信息技术版图比以往任何时候都要容易。如果您的团队对于如何使用电子技术达成一致的清晰规则，并且严格遵守，那么它将成为生产力的关键要素。电子技术消除空间距离，使得来自各个文化的顶尖专家的合作成为可能。

## 采访托斯滕·耶克尔

托斯滕·耶克尔是一名信息技术行业的企业家、咨询师，以及致力于借助电子技术取得企业成功的畅销书作家。拥有企业经济学和工商管理硕士（MBA）学位的他在整个职业生涯中专攻理性使用的最新技术这一课题。他拥有丰富的管理经验，能将企业管理与科学技术两方面的问题全方位有机结合。自从平板电脑（ipad）上市以来，托斯滕·耶克尔和他位于柏林的公司“Jekel&Team”就致力开发围绕ipad进行的商业模式。他曾为许多大型企业机构在海外市场引入Ipad提供了非常实用、有效的帮助。他的专著《经理人的电子办公——使用最新技术有效工作》2013年在加巴尔（GABAL）出版社出版。我在“斯图加特知识论坛”的间隙见到了托斯滕·耶克尔。

### ■ 您是谁，在做什么？请您自己描述一下！

我教公司使用电子办公技术更为高效地工作。1988年，我在尼克斯多夫电脑公司的销售部开始我的职业生涯。后来我长年担任多个中型企业的经理人。2010年，我创办了自己的公司Jekel&Team，致力于在如可口可乐这样的大型销售企业引入Ipad。这其中许多问题也是您在这本书中集中讨论的。如真实团队与远程团队如何高效合作，或者分布在全国甚至全球的员工间如何进行最有效的沟通。

## ■ 在远程团队的合作中，哪些技术是最为重要的?

就我的经验而言，人们需要两种类型的技术：一种是能让每位团队成员保持高产的技术，还有一类是让大家更好交流的技术或应用。所有人首先都需要一个个人信息管理软件，即用于电子邮件、日程安排或工作任务的管理。重要的是所有设备必须同步。比如可以用微软邮件服务器（exchange）。接着团队合作，如日程安排或公共数据管理也需要软件。这时所有数据的同步化依然十分关键。为了避免产生副本，应当在统一的体系里共同处理同一个数据。最后还得有一个能真正提供互动合作的平台供员工们交流想法，统筹计划。我一般会找一些电话或视频会议的多媒体工具，这里的一个优点是，这些工具现在变得越来越便宜。在我刚开始工作那阵子，视频会议软件还是相当昂贵的。而现在甚至只需用苹果智能手机或者ipad加上快速的移动信号联结就可以实现。虽然现在还未达到百分百覆盖，但比起从前已是突飞猛进。我相信移动是真正的未来。

远程团队既需要能帮助每位团队成员高效工作的技术，也需要那些确保员工间良好沟通的技术。重要的是保持同步。

我正在服务的公司从前总是在办公室召开地区会议，而现在他们变得越来越依赖网络视频。在此期间，移动技术自然扮演了一个关键角色。我喜欢的工具有Adobe Connect或是思科网讯（Cisco WebEx）等。有了WebEx，思科如今已跻身国际市场引领者行列。人们甚至可以在ipad上下载它的应用。对我来说，关键在于这些系统在日常生活中确实能够可靠运行。您最好尝试一下各种不同系统，或咨询一下用户与公司的使用体验。

■ 根据公司规模大小，您分别推荐哪些技术或应用?

各不相同。对于小型的年轻企业，我建议从像空传或者谷歌环聊（Google Hangouts）这样的免费解决方案入手。谷歌环聊并非像某些人认为的那样只有公开平台，它也有封闭的使用模式。一些小型项目刚开始也适合像项目地（Projectplace）、特雷略或者奇妙清单（Wunderlist）等简单工具。如奇妙清单就是从简单的电子日程表起家的，后来它被微软收购，嵌入了outlook—exchange环境中。也就是说，微软将一家初创公司的智能解决方案补充进了它完善成熟的世界中。我觉得这是相当有趣的一件事。小型公司常常使用初创公司的应用，而规模庞大的公司则使用如微软这样的大型应用程序。空传也被微软收购了，现在Lync系统中已配置了商用空传。

根据公司规模的大小，您应当首先确定系统的覆盖范围。另外，您的数据保存在哪儿也很重要。由于合规原因，有些行业的数据可能无法保存在美国。这时您就得确保您的服务器在欧盟或者就在德国、奥地利或瑞士。因为我经常与银行及保险业打交道，所以常常会面临这一问题。

■ 虚拟个人助理（VPA）越来越流行。您在这方面有什么经验吗?

我爱虚拟个人助理！大概十年前我读了蒂姆西・菲瑞斯的《一周四小时》[4]。他的格言是：布置任务，布置任务，还是布置任务。尤其是那些缺少人手的管理者尤其需要虚拟个人助理。我的经验表明，哪怕人手充足，虚拟助理仍然物有所值，这样原有员工就能够更专注于自己的工作。当然，您必须好好想想聘用的虚拟助理应当完成哪些任务。如果您的远程团队都说英语，那是最轻松的。我工作中经常要用到德语，想要找到德语流利的虚拟助理就没那么容易了。

即使人手充足，虚拟私人助理也物有所值。这样其他人可以专注于自己的核心工作。

我目前正和斯特兰德希奇（Strandschicht）公司合作。这是一家来自柏林的公司，为了压低成本，它雇用来自东欧的助理。过去我曾与GetFriday和Brickworks合作过，那是蒂姆西·菲瑞斯推荐的两家印度的供应商。GetFriday适合做一些基本业务，而Brickworks则偏重国家调研或市场分析。在我担任一家果汁生产公司经理人的时候，我首先做了一份国家调研，然后把它作为范本交给Brickworks。他们继续对12个欧洲市场做了相同的研究。这个例子充分说明，虚拟个人助理可以完成技术含量相当高的任务。接下来的例子是，我自己录制了一个播客，然后我的虚拟助理把它转码并上传为博客日志。来自南美的虚拟个人助理的价格区间大约是每小时4美元，而德国的则是每小时将近25到30欧元。对于印度或东欧的助理您则得支付每小时大约8到10欧元。

### ■ 该给虚拟私人助理分派哪些任务?

一切能在网上完成的事，虚拟助理都能出色完成。打电话有时不那么顺畅。关键始终在于汇报的质量。

简单说来，什么都行。我总是想，固定员工的价值是什么？而又有哪些工作是虚拟员工也能完成的。如果您的员工坐在您的办公室中与您面对面交谈，很多事自然会容易些。但是我大多数时候都在外面，因此我必须尽可能明确地通知我的固定员工。我个人的经验是关键在于汇报的质量，至于是现场员工还是虚拟员工则毫无关系。糟糕的汇报带来糟糕的结果，优秀的汇报带来优秀的结果。这是重中之重，而不是员工在不在场。

只要能在网上完成的事，我都交给我的虚拟助理。这种情况下唯一比较大的障碍就是我的助理是非母语者。他来自于罗马尼亚，在德国读了大学，因此他的书面德语相当不错。尽管如此，他说话时仍带有口音，这在电话通话中是非常不利的。总的来说，虚拟助理供应方在电话沟通方面的组织并不尽如人意，因此,可能会在这个地方出现问题。

还是再强调一遍：一切可以通过网络完成的事都无往不利。我会让虚拟私人助理搜集资料，制作幻灯片，书面预约酒店、餐厅或航班等一切能在线书面或以表格形式完成的事。对我来说，让那些小时工资低廉的人来做一切能做的事有其企业管理上的意义，这样我就可以专注于真正创造价值的工作。

### ■ 想要更高效地配置虚拟私人助理，我需要做什么？

最重要的是，汇报、汇报再汇报。第二重要的是，正确选取及配置与虚拟助理合作的电子技术。如助理要能以您的名义收发电子邮件。此外，您还需要传输数据与同步处理文件的平台。大多数VPA提供商都有一个完整的解决方案，即同时提供数据交换平台。如果不是特别机密的文件，我喜欢用多宝箱（Dropbox）。这是交换数据最便捷的方式之一。如果是机密文件，则需要专业的解决方案，如法布索夫（Fabasoft）。这家来自奥地利的软件供应商拥有极高的安全标准。此时，很重要的一点是始终保持所有设备的同步性。汇报必须遵循清晰的规则及约定的回应时间。系统化管理有助于提高虚拟个人助理的工作效率。这首先意味着，结构清晰的汇报和完善的电子体系。

■ 您有哪些与远程团队合作的经验?

各种各样，不一而足。目前，我们正在进行的案子是为一家销售公司提供咨询。这家公司一方面在像柏林、慕尼黑或法兰克福这样的都市中设有代表机构，另一方面也进驻了许多人烟稀少的农村地带。这意味着他们出差路途遥远。现在的挑战是，前往农村区域的外勤效率低下。大城市的团队每天早上只需集合5到10分钟，陈述一天的计划便够了。但对已在郊区的外勤人员而言，这则意味着每天得浪费半小时在路上。我们和客户一共思考怎样才能把城市的模式搬到农村地区。现在我们已经设立了一个分布全国的真正的远程销售团队，他们通过Adobe Connect等软件互相沟通。

遇到外勤，远程销售团队的效率显著高于传统团队。同时，与自由职业者的远程合作也由来已久。

另外一个例子，是我与许多自由职业者合作开发软件应用，或者我们举一个正在我的辅助下引入Ipad的餐饮服务公司的案例吧。我们有一支外包软件开发团队，有思爱普公司，有一家母公司，一家移动设备管理供应商，还有个体用户——我们必须把所有人结合起来。现在企业中内部与外部员工混杂的情况越来越普遍。过去这很难做到，但如今您可以通过全新的电子技术将外部员工完完全全融入团队之中。这真的很有效！我认为未来的趋势就是，您将越来越多的外部专家招入麾下，而您迄今所拥有的团队自然而然便转化为一支远程团队。幸运的是，这一过程变得越来越容易，越来越便宜，也越来越迅速。通过这种方式，企业的生产力将大幅提高。

■ 作为管理者与企业家，您对您取得的哪些成绩最为自豪？

首先我想说，我的太太和女儿是我生命中最重要的人。当我想到我能为这个星球留下些什么，我的女儿一定排在首位。对我来说，管理企业和养育儿女有很多相似之处，反之，我从女儿身上也学到了许多适用于团队的与人相处的方式。如果单说事业，那最大的成功要数建立了我自己的公司。在短短三年后，我所挣的钱就已超过所有过去作为经理人的薪资总和。要知道那些公司也没亏待我！如此快速地取得巨大成功，这一切都是通过远程团队实现的。这可能是您对此书感兴趣的地方。刚起步时我是光杆司令，为其他公司提供服务。

我最初的项目之一是爱腾达（itempus）。我的商业伙伴及朋友，来自腾达（tempus）的约克·克努博劳赫教授曾销售过纸质的日历系统，我们共同将其引入了电子世界。人们转移到电子日程手机客户端的趋势早已存在，那时我说道，约克，你脑子灵光，你的纸质系统拥有9万个地址的客户数据，让我们干点儿什么吧。接着，我们就与一支由顶尖手机客户端开发者组成的团队一起，将原有的日程安排系统植入了手机客户端中。该应用程序取得了巨大成功，在应用商城里卖得非常好。我一个人是不可能做到的，为此我真的需要一支由顶尖专家组成的远程团队。

我所做的正是君特·法尔丁教授在他的著作《头脑击败资本》中称为“用零部件创业”[5]的事。顺便一提，他也是个非常有意思的人。在当今世界，您可以借助电子技术和远程团队用非常低廉的成本创立公司，同时仍能迅速拥有完整的基础结构。如果每个项目都招募外部专家，同时使用虚拟个人助理处理行政事宜，那么您无论往上还是往下都将进退自如。这也是大型企业可以从创业者身上学习到的东西。我能用这些方法如此迅速地取得成功，老实说我还是挺自豪的。

**■ 人们总是怕员工在没有监管的情况下消极怠工，这会导致微观管理或过度的控制欲。您是如何监管您的员工的？您如何保证所有人都全力以赴?**

我确实认识许多质疑远程团队的人，这恰恰是因为他们认为人们会消极怠工。没错，然后他们就会变成微观经理或控制狂。老实说，我不怎么为这个问题困扰。最开始我遇到的问题反而是缺乏执行力。我给您举个例子。我曾在奇宝咖啡工作过5年，其中有两年负责客户服务。我的团队由25位女性组成。我当时30岁不到，我经常和她们聊天，表现得十分友善，也很受人喜爱。但是，之后我发现重要的不是被喜爱，而是被尊重。作为经理，必须制定清晰的前进方向，才能整合团队的最佳成员，实现目标。

如今，我对肯·布兰查德的“情境管理”理念深信不疑。人各不相同，他们有不同的需求，在团队中完成不同的任务。相应地，我也必须适应调整自己的管理风格。举个简单的例子。如果有人想学自行车，他就需要明确的行为指示，而非漫长的讨论。但是如果有人想参加环法自行车赛的团体比赛，并想要为下一程赛段优化自己的骑行方式，那他就需要其他人的反馈，这时就需要讨论。也就是说，我们要始终有区别地对待管理这个大主题。

管理风格要始终契合情境。技术只能支持管理，无法取而代之。仅通过电子邮件管理员工是行不通的。

我要强调的是，技术是无法取代管理的。技术可以帮助管理，但仅仅通过电子邮件管理员工是行不通的。当我负责那些整周独自在外的外勤人员时，我每周都会亲自给他们打一次电话询问进展，也随时欢迎他们提问。尽管如此，当时还是有一个员工抱怨为什么老板总是给他打电话。于是，我们所有人坐在一起讨论，我想知道他们究竟觉得现在的联系是过多还是过少。面对远程团队的成员或外包员工也可以进行这样的探讨，共同求得一个解决方案。无论是电话、电子邮件、即时信息、电话会议还是其他形式，如今我们很幸运能拥有这么多沟通渠道。但是仍需听取团队成员的意见，了解他们真正希望的沟通方式，并满足每个人的偏好。

**■ 您如何确定远程团队中的员工确实全力以赴？如何确定作为整体的团队优于每个部分的总和？**

信任是一切的关键。不能一开始就预设员工能力有限。另外，身为领导必须以身作则，言行一致。

通过各种各样的方式。首先，我的基本态度是即使还不能够完成团队任务，但每个人此刻都已做出了最大努力。为了更进一步，他可能需要我或其他人的支持。这才是给予信赖的欣赏姿态，而不是一开始就假定他们能力有限。我认为信任是一切的关键。信任是绝对的重中之重。第二位是以身作则。团队成员始终注视着领导，如果领导真正全身心投入，他们也会竞相效仿。我时刻都注意做到，对自己的要求至少要与对员工的要求一样高。如果管理者嘴上说必须降低成本，却给自己定了最新的宝马7系车，那么，我就认定为不可取。这样的事，会损害领导的信誉，使员工不再那么投入。

以身作则，言行一致非常重要。还有就是要保持人性。如以前我的一位员工的女儿因为癌症去世了，在这种情况下，我庆幸自己能真正帮到他。当然全世界没有一位老板希望自己的员工发生这种事，但是当它真的来临时，您只能以真正的人性和同情心来应对。同样，遇到坏消息，清晰准确的沟通尤其重要。身为经理人，我有时不得不开除员工。我非常清楚地解释了当前的情况和我们必须缩减开支的原因。我自己也以身作则，非常有示范性地将我从前任那儿继承来的宝马7系换成了雪铁龙贝林戈（Berlingo）。接着，我问其他经理怎样从自身开始节约开销，其中一人就把他的豪华克莱斯勒换成了经济适用的帕萨特。但是，我们却为一直开着便宜货的外勤人员订购了更高档的汽车。这是为了激励他们，使得公司业绩能在短时间内上升。两年后，当我们的数据重回正轨，公司又开始盈利时，贝林戈（Berlingo）的租赁合同也到期了。我没有再次选择最豪华的宝马，而是订购了一辆大众迈特威，也就是所谓的“黄金比例车”。这也是给员工们的一个信号。

■ 您如何看待远程团队乃至无国界团队的未来?

我认为远程团队和无国界团队将变得越来越重要。世界是扁平的。现代电子技术提供了越来越多在国际标准下建立团队的可能性。当然，像南美或印度这些国家低廉的用人成本也是很重要的原因，但这不是唯一。关键还在于利用不同的时区。麦肯锡公司早就开始这么做了。您可以让世界另一端的人在夜里完成任务，第二天您就能直接拿到结果并继续工作。来自不同国度的员工也可以完美互补。如印度有出色的软件开发者，但缺少一些体系，而我们德国人则非常擅长项目管理。这时如果有一位德国合作伙伴指导项目管理，就是一种很好的互补。我相信团队跨越地理与文化界线，同时跨越公司界线进行合作会变得越来越重要。外包专家遍布各地，未来内部员工与外部员工的融合也将举目皆是。当然，也会有远程团队与现场团队结合。这一切都将提升生产力。融合即是王道。

# 07

第七章

# 掌控工作例会进程，提升效率、提振士气的技巧

克劳德感到背部僵硬，疼痛不已。他刚刚打完空传电话，显示时长为2小时37分钟。他半坐半躺在客厅沙发里，平板电脑iPad放在大腿上，眼前依然浮现着玛丽亚的脸。他仰慕地微笑着。三周前，他在巴塞罗那的一次会议上认识了这位西班牙女设计师。在那浪漫的三天后，两人一支保持着网上联络——漫长的空传电话、短信、脸书动态，能用的都用上了。他查看一下邮件，看到了下周末前往罗马的航班预订确认信。在那儿，他将第二次与玛丽亚见面。

“我得找一个欧洲项目，不然跨越大西洋的飞行会毁了我。”克劳德想着，“每两周周末飞一次我可吃不消。”这时他看到一封已经躺了两天的来自慕课教授的未读邮件。全新的、更为高效的建筑方案进展缓慢。因此，眼下当地施工方的试建工作也搁置下来。克劳德本该立刻向伯恩德汇报。“还是别转发邮件了，我现在最好给他打个电话吧。”克劳德自言自语道。对于他的滞后汇报，伯恩德肯定会生气。这可事关项目的关键进程。

克劳德按下空传通话按钮。他的耳畔还回想着玛丽亚温柔的声音，完全没发现伯恩德接通电话时已经响了十声。

“克劳德，你知道现在几点吗？我是说在德国！”

克劳德飞速地计算了一下，现在是汉堡时间半夜一点。“哦，糟糕，伯恩德，真抱歉！”

“到底是什么火烧眉毛的事，你得现在把我叫醒？”

“不好意思，伯恩德，我没注意到时差。现在慕课建筑计划有些延迟。因此，当地的试建工作也搁置下来。相应地，整个项目也不得不延期了。”

“你刚知道这事儿吗？你觉得半夜叫醒我能帮你什么？”

“好吧，现在你是做不了什么。我想，要么我和皮拉、当地施工方，还有慕课教授团队开一个视频会议，商量下能怎么加速进程，再看看最坏情况对我们项目的周期有何影响。”

克劳德与一位西班牙设计师坠入爱河。长时间的空传电话影响了他的工作质量。伯恩德不能接受这种做法。

“那就去做吧，克劳德。越快越好！”伯恩德似乎还是有些生气。“需要我做些什么吗？”

“不，不，伯恩德。谢谢你这么问。我们能搞定。最迟明天下班后我再与你联系。”

“好的，现在快和我说‘晚安’吧！”

“祝你好梦，伯恩德。”克劳德深知如何营造紧迫感来激活员工。他立刻开始写邮件，发送会议邀请。尽管如此，他还是对自己很失望。在工作时间——即欧洲的深夜——与玛丽亚长时间的通话影响了他。他忘记了日程安排，也没有及时阅读重要邮件。“我得重新集中精神，更好地分配工作与私生活的时间。”他想着。然而说来容易做来难。恋爱的感觉太美好了。

下一周的周三，伯恩德准备着即将到来的团队会议。他刚刚结束与法兰克福的施工负责人的通话。“真好笑，”伯恩德想着，“法兰克福的团队抢去了我投入在特朗斯蒙塔尼亚国际远程团队的精力。”看起来，他们似乎越来越接近全员与保罗共同定义的“授权”目标。研讨会的成果开始显现。伯恩德对员工们所展现的高度主观能动性极其满意。琳达顺利完成了众筹，资金已经到位。现在她正帮助皮拉与克劳德协调慕课建筑师与当地的建筑工人。皮拉的理念帮助团队迈出了关键的一步，似乎已为所有人接受。安妮迅速有效地处理与政府间的手续，并为当地建筑方带去最新消息。刚刚加入团队的来自保加利亚的斯黛拉引入了高效的数据管理模式，如今团队成员能在线分享更多数据，并在新创建的脸书小组里热烈讨论。一切都进行得如火如荼——为此，伯恩德并未付出太多时间与精力，有时甚至什么都不需要做。他也没什么可监管的，整支团队看起来确实自律严明。他唯一的担忧是克劳德。最近他很少给予回应，这对他来说是很少见的。有一次，克劳德还在半夜打电话传达坏消息。“这不太对劲，”伯恩德想，“今天我必须在会上指出。”

在伯恩德看来一切进展顺利。所有团队成员都展示了高度的主观能动性。钱已经到位。皮拉帮助团队迈出了关键的一步。伯恩德唯一担忧的是克劳德。

这天天气晴朗。易北河反射着阳光，在伯恩德办公室的墙上投下怪异的光影。伯恩德眯起眼睛，拉下百叶窗，启动了网讯。现在是12点55分。安妮与琳达一如既往地提前加入会议。“女士们，你们好。最近还好吗？”

“棒极了，伯恩德。我看到我们确确实实在前进！”

“我很好，伯恩德，”安妮平静地答道，“关于试建，我从建筑工人们那儿得到了一些新消息。”

“很好，我们等等其他人。”

下午一点整，除了克劳德所有人都到齐了。

“我建议现在就开始吧，”伯恩德说道，“今天有许多议程。上周会议以来我们取得了重大突破。皮拉，非常感谢你精彩的想法！你的建议现在已经传达给纽约的建筑团队。我很期待建筑师与施工方的合作。但是现在遇到了一个力道十足的缓冲器。克劳德汇报说新的设计未能按期完成，这对我们的时间节点至关重要。正如我们所有人所知，人们还指着我们的房子过冬。克劳德认为消息糟糕到必须在半夜叫醒我！”

他顿了顿。但是没有人在意他的话。

“皮拉，你和建筑师及施工方的共同会议举行了吗？”

“当然，伯恩德。克劳德和其他人都来了，我们现在正在共同制定新的计划。在和教授团队探讨细节后，克劳德今天应该可以向大家描述一下可能发生的最糟情况。”

“我希望克劳德能马上加入会议。最近很少听说他的消息，而且他那为数不多的工作也常常不能按时完成。安妮，政府和当地施工方那边怎么样了？我们什么时候可以开始试建……”

“各位，不好意思我迟到了，”这是克劳德的声音，“我一定是没听到闹钟。真抱歉。伯恩德，轮到我汇报建筑计划的最新进展时告诉我一声。”

“克劳德，你没事吧？最近，这不是你第一次迟到了。稍等一下，安妮说完后你就汇报。”

轮到克劳德时，他却说不出慕课计划的进展。现在只有一支教授团队还在跟进建筑计划，他们把皮拉的建议作为基础构架，但是他们无法确定完成时间。教授同时兼任数门课程和项目，此外在呈

新的慕课计划姗姗来迟。伯恩德间接将责任归在克劳德身上并要求他进行解释。事后他有些后悔自己的不留情面。

交估算结果前还需要再举行一次研讨会。

“克劳德，你是知道我的，你也知道在得到明确的最后期限前我是无法坐视不管的。”伯恩德说道，“或许我该和纽约的人谈谈，给他们施加点压力。”

“伯恩德，我们现在最不需要的就是压力。我们这周就举行研讨会，接着马上向你汇报结果。”

“这还不够，克劳德。在项目最终期限确定前，我要求每两天做一次进展汇报。”

斯黛拉插话了：“克劳德，你能想办法把最新的项目计划放在硬盘上吗？这样安妮、皮拉和其他人就能看到最新版本了。”

“好的，斯黛拉。”

“各位，再次感谢你们的付出。克劳德，明天晚上谈。”

因为对克劳德的责难，伯恩德结束会议时有些心绪不宁。加拿大人是项目的关键人物。伯恩德是不是不应该公开批评他呢？

这时空传上响起琳达的电话。

“你好，琳达。很高兴再次听到你的声音。你可不怎么给我打电话，出什么事了吗？”

“伯恩德，你对克劳德太苛刻了。我觉得有些过分了。你一定知道玛丽亚吧？克劳德恋爱了。他和玛丽亚每天打好几小时空传电话，周末还飞去罗马看她。你对他得有点耐心！你知道的，爱会给人插上翅膀，但也会让人盲目……”

“哦，我并不知道……但是我想，我们是朋友，克劳德应该告诉我这些。你又是怎么知道的？”

“最近，我们一起开了许多电话会议，慢慢也就有了个人生活上的交流。这样我们就知道对方发生了什么，也能更好地做出应对。”

“假如这样能促进你们的合作，那就好。”

“你不觉得，我们在全体会议上也应该这么做吗？”

“我不是很了解，也不确定这样做是否有意义。但我会问问保罗的意见。反正我本来也想和他联系。”

保罗说过，如果伯恩德需要帮助可以随时致电。到现在，伯恩德还没用过保罗的这份好意。团队高涨的主观能动性和实干精神令他无比欣慰。当时的座谈会已值回票价。

琳达认为伯恩德对克劳德太苛刻了。她向他解释了隐藏在其背后的个人原因。伯恩德为自己对朋友克劳德知之甚少而感到震惊。

为了提高团队业绩，自己还能做些什么？伯恩德思考着。琳达说的话有道理吗？难道他真的忽视了个人生活？他决定给保罗打电话。

“你好，伯恩德。最近怎么样？”电话那头保罗用他平静的声音问候道。

“我很好，保罗。希望你也不错。我得先告诉你，座谈会的效果远远超出我的预期。我的手下不但积极主动，还将其他人招至麾下，寻找解决问题的方案。太棒了！虽然我们还没达到关键的节点，但是我相信那只是沟通问题，而非因为管理不力或能力不足。”

“非常好，伯恩德。你的手下现在正像一支真正的团队一般合作共事，而你似乎也乐在其中。我有一个问题，你们多久进行一次电话会议，你们的议程安排是怎样的？”

“我们每个月开一次例会。如果有问题出现，则会额外进行讨论。至于议程，一般由我来制定，并提前发给大家。”

“好的。那么大家参与讨论的情况怎样？”

“怎么说呢，大家各司其职吧。克劳德往往是主导者，其他人在各自要点处插入谈话。琳达有点像大家的情感晴雨表。她总能感觉到谁不在状态。如果因为个人原因，她也总是知道事出何因。看起来她似乎和团队中的所有人都关系密切。”

“那么你呢？”保罗问道，“你和大家建立起紧密联系了吗？”

伯恩德给导师保罗打电话，反馈团队沟通的情况。保罗认为应该更多地交流个人生活。伯恩德应当与大家建立密切联系。

“这么说吧，我和大家相处得都不错。我确保我们大家都集中在正确的事情上，我也会要求结果。这就是我的角色。老实说，最近我好像有些不给克劳德颜面。他有些消极被动，差点错过了最后期限，还毫不知觉地在半夜把我吵醒。琳达说他恋爱了。”

“你和克劳德不是朋友吗？我以为你早知道。”

“是啊，我是该早知道。或许我有时太忽视他们了。琳达说我们应该在会议上聊聊自己的事。你觉得呢？”

“在远程团队中，成员间定期交流重要的个人事件是尤为重要的。就我的经验而言，每周一次例会，会上既讨论项目，也交流个人生活就很不错。”

“一周一次？”伯恩德听上去大吃一惊，不为所动。“这太频繁了吧？而且每个人都滔滔不绝地说自己的事，难道不无聊吗？”

“人是不会无聊的。而且个人生活对我们的工作影响巨大，”保罗说道，“了解团队的心情非常重要。我不是说每个人要喋喋不休地讲述人生故事。给每人两分钟时间谈谈自己足矣。两分钟绰绰有余了。但是所有人必须得到机会，要不然那些内向的人会沉默不语。两分钟可以让你了解员工的所思所想，否则不仅仅你，团队中的所有人都将永远无从知晓。在项目进度汇报时，你们只需集中精力关注热门话题。会后人们可以继续通过电子邮件交流想法，或者组成小组，共同解决问题。”

“到现在为止，这听上去还不错。但是我担心如果花太多时间讨论个人生活和项目细节，就会失去大局观。”

“这种风险当然存在。因此我会区别对待。每月例会更为正式，会上免谈私人事务。每个人会前必须上交篇幅为一页纸的汇报，说明近期年度计划的完成情况。我也会请重要的外部合作伙伴参加会议，保证所有人都进度相同。遇到涉及机密的问题，可以等所有外部成员下线后再做讨论。如此一来，在每周召开的非正式会议上就可以谈谈项目相关亮点及个人生活，间或包含一些重要挑战。同时，每月一次正式会议，议题为所有人的战略计划实施情况。”

根据保罗的建议，伯恩德想要为项目设置一个全新的沟通结构。每周将举行一次相对不那么正式的会议，而每月则召开一次包括外部合作伙伴在内的正式会议。

“这听起来有理有据。我只是怕这一切都太官僚主义了。”

“我认为值得一试，伯恩德。这样做，你就能够更清晰地了解到发生了什么，大家的情况怎么样。而且这不需要花费太多时间。你知道还有什么好处吗？”

“什么？”

“你永远不会错过别人恋爱的消息。”

“好吧，”伯恩德轻轻地笑了，“这虽然不符合我一贯的工作风格，但是我相信你，我会试试的。”

## 尽早确定沟通结构

每当别人请我带领一支远程团队时，我都会在第一周就召集核心团队。我会带领这些直接向我汇报的员工进行一次现场座谈会。

在第一章中您已经了解了这种座谈会的通常流程。在这一章中我将集中探讨一下如何在那之后继续最优化地进行沟通。在第一次座谈会结束时，我会问我的团队：我们应该多久互相交流一次？也就是说，我们的团队会议多久开一次？大多数时候人们会说：一个月一次足够了。这时我会更进一步，让我们试试一周一次吧。万一大家觉得太频繁，再减少也不迟。一开始大约60%到70%的员工赞成一周一次例会。一个月后通常是90%到100%——而且这个比例会一直持续到项目结束。大家积极参与的秘诀是什么？当然不是高清的视频影像！更多时候，秘密就是人与人之间的交流。

在每周例会上，除了讨论工作进展，也应适当地聊聊个人生活。这有助于增强凝聚力，保持大家高涨的参与感。

通常，我会以例行的状况更新开始每周例会。每周我都会收到许多邮件。那些需要立刻处理的邮件我会直接转发，而另一些只是汇报信息的我则会有意识地留到例会上。作为经理，人们还得参加各个决定层面的各种会议。请您在例会上留出足够时间，着重总结您与其他决策者的谈话结果。请和您的团队，讨论在那些会议上做出的决定。如果您省去这一步，只会加强闲言碎语的气焰，也许有一天便会导致负面的后果。

例行状态更新主要针对上一周发生的所有相关事件。这么做，给了团队成员提问和观察的机会。这一轮结束后，每位成员都有固定时间汇报自己的生活和项目的相关事宜。多亏第一次座谈会，现在所有人都彼此了解对方的生活与职业曲线。在周会上，我们会一再回到个人层面，这样可以产生真正的人际联系。固定时段对于那些相对安静内向的团队成员尤为重要，如果不指定说话时间，他们将更愿意沉默与聆听。

核心团队成员至少要以视频会议的形式召开流程更为标准的每

月例会。此时的关键是展示项目进展，并获得他人认可。我认为每月至少一次看到同事们的画面是一个非常重要的保持信赖的方法。同时，也应邀请扩展团队参加会议。通过这一方式，更多人可以获得一手信息，了解项目进展。如果扩展团队成员有什么疑问，最好在会议期间通过聊天软件提出。这些问题首先会被归拢，然后在会议的最后10分钟一并回答。

形式化的每月例会的重点，是让更多人获得一手信息和提问的机会。

如果遇到有人已经完成阶段性目标，想要将相应资源运用到其他方面，做出这样的重要决定，应当在每月例会上讨论决定。此时，应当详细阐述决定的意义，也可在更大范围内进行讨论，理想情况下最终由所有人共同决定。如果扩展团队的成员方还有员工，那么应当在会议之后就向他们通报结果。切勿自上而下，而应以互动的形式，如通过现场或视频会议。所有项目相关人员都应当有机会提出疑问，给予反馈。

**方法：**

每周例会应当是，个人情况更新与项目相关进展的正式及非正式汇报的健康融合。

正式的每月例会的另一个好处是健康尺度的压力。所有成员都应当展现他们的目标完成情况和上进心。如果有人晚于预期或干脆两手空空，整个团队都会看在眼里。如果各个目标一如既往地紧密咬合，那么每位团队成员的目标就始终与其他人的目标息息相关。如果有人遇到问题，请您给予帮助，但是责任始终在团队成员肩上。当然有时也会产生矛盾，也并非所有矛盾都能在会上立刻解决。尽管如此，适当的压力对于提高团队成绩仍然至关重要。

## 团队会议中的时间分配艺术

无论是每周例会还是每月例会，如何分配时间都至关重要。首先要制定一份严丝合缝的议题计划，此外任命一人担任计时员也是不错的方法。计时员时刻注意时间，也可打断他人的谈话，但最好不要由团队带头人或会议主持人担任。管理者更重要的职责是表彰成绩，解决矛盾，不应将权威浪费在时刻提醒注意时间这种小事上。每周例会至多由12名团队成员参加。因为每次都会进行例行汇报，同时每位成员各有两分钟时间谈论最重要的个人及项目相关话题，所以请您计划出一个半小时的时间。时间再长，会议效率就会变低。这时人们需要休息，而休息期间大家一般会开始查阅邮件，思绪便游离到了其他地方。

严丝合缝的议程安排与准时结束同样重要。最好请一位计时员时时关注时间。

为了让参与度保持在90%到100%，准时结束会议非常重要。在极端特殊的情况下，可以询问全体参与者是否愿意为某个重要的议题多留10分钟。但是10分钟后，必须按约定结束！在重大项目的每月例会上，最多可能有上百人出席。我建议会议时长为两小时。比起现场团队，准时与合理的时间分配对远程团队更为重要。如果团队成员还分布在不同时区，那么糟糕的时间管理会带来非常负面的影响。

**方法：**

实践证明，每周例会与每月例会应当做下列时间安排：

· 每周例会——个人与项目相关情况更新：1.5小时

· 每月例会——正式状况更新，扩展团队参与：2小时

两种情况中，时间分配与准时结束都至关重要！

就我的经验而言，典型的多国电话会议流程应当如此：请您在欧洲时间的中午开始。这时澳大利亚已是晚上。对于那些在家的人，背景中可能听到狗叫、孩子哭喊或餐具碰撞的声音。巴西人可能刚刚起床，还穿着睡袍整理仪容。感知并讨论这些不同，可以将团队紧密凝聚在一起。假如某次会议时间变更，或不能总是安排在自己最合适的时间，大家也会给予理解。但需注意，切勿让人在深夜或凌晨参加会议。如果您有重要进展向遍布全球的团队成员宣布，可以选择在同一天召开两次内容相同的会议：早上针对欧洲、澳大利亚、亚洲和非洲，下午针对北美与南美。届时欧洲成员也可自行选择参加哪场会议。

如果用英语召开会议，您将面对许多非母语国家带着口音的成员。即使是母语者也千差万别，如英格兰、苏格兰、德克萨斯和澳大利亚的成员说话亦迥然不同。团队成员经常会抱怨听不懂其他人的英语。如印度人之间完全理解对方的口音，但听不懂法国人的英语。作为团队领导，您可以做一些增进理解的工作。如您可以请那些说母语者说得慢一些，同时不要使用太难的表达。总的来说，能让所有人都理解的简单语言最为有效。您还可以请那些口音较难理

解的成员在聊天工具中同步输入他们的问题或观点，这样更为清晰明确，也可缓解交谈中的紧张气氛。重要的是，每个人不要只想着自己，而应当多考虑他人，努力使大家听懂自己的话。

在英语会议中，团队成员应当注重话语的可理解性。请说母语者说得慢些、清晰些。请口音较重的成员在聊天软件中同步输入问题或观点。

简化沟通至关重要。请您尽量将团队会议安排在每周的同一天同一个时段，并始终使用同一种沟通渠道。当然，某些时区无法长期过早或过晚开始会议的特殊情况则另当别论。

## 探寻他人的立场

远程团队往往需要互相发送相当数量的电子邮件。其内容多是询问或者回答。但是电子邮件并非一种非常互动的媒介。相对而言，团队会议意味着同步交流，因此是进行讨论的理想场合。讨论的精髓并非简单的询问或作答，而是理解对方。会议上也应当开诚布公地探讨争议，并由团队共同决定解决方案。彼得·M.森格在《第五纪律》[6]一书中区分了“主张”与“探寻”。在管理中，典型的行为是采纳某一立场并为其主张。其目的是强有力地阐明自己的观点并对他人产生影响，但往往忽略了探寻并理解他人的立场。更好的选项是在宣布自己的观点时先试着去理解他人的想法。在多种观点和谐共存的团队文化中，“主张”与“探寻”平衡共处。每个人都有权力主张自己的观点，但也试着了解其他立场。此时团队领导应当担当表率，提出问题并尝试理解其他团队成员，鼓励大家积极讨论，不应滥用职权否定他人。

“探寻”的基本态度是团队良好沟通的关键所在，尤其在争端中——先理解对方，再主张自己的观点。

在我的讨论课上，团队成员们经常抱怨自己的领导只有在出现问题时才召集开会。有些领导甚至花大部分时间自我辩护，推卸责任，同时直接宣布解决方案。有些文化习惯于此种专断风格，只要产生问题，领导就应当知道所有答案。但在绝大多数远程团队中，此种行为只会造成重大损失。大家缺少彼此交流的时间，结果往往适得其反。远程团队对讨论与对话的需求比现场团队大得多，因此需要建立一个所有人都有发言时间、能充分阐释自己立场的沟通体系。遇到悬而未决或针锋相对的讨论，团队领导应当想办法保持“主张”与“探寻”间的平衡。

## 如何进行定期的个人反馈

远程团队中条理清晰的沟通主要分三方面：首先是个人与项目信息比重平衡，在非正式与正式框架间切换的定期团队会议；第二是杜绝纯粹宣扬个人主张，创造真正对话交流的机会；第三是项目进程与个人发展的定期一对一反馈，主题可为团队协作能力或软技能等。团队领导绝不应等到出现问题才要求反馈，无论是团队会议还是每位成员的反馈都应当定期有组织地进行。

当我领导一支远程团队时，我会每月给直接向我汇报的每位团队成员打一次电话。首先，我认为谈论目标完成的进展十分重要。如果需要，可以给予批评反馈，但我只会在一对一的谈话中这么做。我建议永远不要通过电子邮件进行批评，同时在会上当着其他成员的面也一定要慎之又慎。当然，一对一谈话的内容远远不止批评。对于每一位团队成员来说，此种谈话都是与领导交流的特别机会。领导虽会给出反馈，但这并非单行道。团队成员应当利用机会听取建议，必要时寻求支持。理想状态下，谈话中员工汇报进度和领导给予支持反馈应当各占50%。最好领导能直截了当地问，现在我能帮您些什么？或者，我能做什么来帮助您提高工作效率？能从每月一次的一对一谈话中获益多少，这掌握在团队领导和每位团队成员自己手中。另外，这样的一对一谈话也代表着对每一位成员的欣赏与尊重。因此，请您千万不要临时取消或随意更改时间。

无论是为了工作业绩还是个人发展，团队成员都需要定期的一对一反馈。每月一次电话是一个不错的办法。

我认为一年进行两次正式的绩效评估是比较好的节奏，可以通过一对一电话完成，能见面当然更好。此类谈话应当基于清晰易懂的流程，其关键是依据清晰的指标指定客观的、可量化的目标，管理者可以进行更正补充。我建议在绩效评估之余，也可谈谈每位成员的发展目标，在今后还能培养何种业务能力或领导素养。应当为此制定一份具体计划。根据不同的计划，可以安排不同的指导或培训，或指派新的项目任务给这位成员。

如果没有提问，所有上述每月或半年一次的例会都是浪费时间。这是团队领导对自己团队的一种投资。团队成员们更为积极、有前瞻性地表现便是对这种投资的回报。良好的沟通是即使相隔遥远也能全身心投入的关键所在。

一年应当进行一到两次准备充分、结构清晰的团队反馈。批评只可针对在场员工的行为开展，绝不能针对个人。

## 团队中的反馈——把握面谈的机会

远程团队的另一种反馈方式是团队反馈。我建议一年进行一到两次，尤其是有机会与员工亲自见面的时候。在团队反馈时，团队成员们最好坐成一圈，由团队管理者开始，每位成员将得到下列三方面的反馈：

• 要继续做什么？之前做出了什么贡献，在哪些方面给团队提供了尤为重要的支持？当人们听到别人说出自己的影响时，其效果往往令人耳目一新，深受鼓舞。恰恰在远程团队中，许多人看不到他们的贡献能带来什么。这是一个反馈的良好时机。

• 哪些行为不该继续？哪里有改善的需求？我们可以举一个“盲点”的例子。也就是说，有时候人们没有意识到自己的行为会伤害、激怒或阻碍别人。此种批评反馈的关键是要使用一种充满同理心的语言，绝对不能进行人身攻击。批评的对象永远是行为，而不是人。

• 该从什么地方开始？还有哪些潜力？这时重要的是指出某位团队成员拥有但并未发挥的能力。大家可以邀请这位成员开发自己的潜能，将其更多地投入到工作中。

反馈会议的准备阶段至关重要。所有人应当事先根据这三点对每位成员进行考量。书面准备能帮助人们始终忠于自己的观点，不至于在会议进行中越来越受他人影响。

会议结束后，每个人书面总结一下自己想要继续、停止和开始的方面，然后把这一文件发给团队领导，供其在考虑员工接下来的发展机会时参考。

### 使用团队规章

您现在已经了解远程团队中层次分明的沟通的一些原则。然而，从其成员组成、目标设置及社会经济领域来看，每支团队都是独一无二的。谨慎起见，可以各自达成符合最优沟通文化的个人约定。为此，如今许多团队会制定一份所谓的团队规章。规章规定团队成员应当怎样互相交往。无论怎样，团队规章最好在现场研讨会的框架下由全体成员共同制定。

下列问题可以帮助您的团队在团队规章中做出对于定期沟通意义重大的约定：

· 我们该进行何种形式的团队会议？

· 我们的会议何时在何种技术平台上进行？

· 多久开一次会，由谁参加？

· 会议议程与时间框架怎么设定？

· 与团队管理者进行哪些一对一对话，何时进行？

· 团队使用何种沟通渠道？（如电子邮件、电话、语音信箱、短信及视频会议）

· 至多允许多长的电子邮件反应时间？

· 紧急情况下使用何种沟通渠道？（如手机的语音信箱）

· 至多允许多长的紧急情况沟通渠道反应时间？

团队规章规定所有团队成员相互交往的统一标准，必须始终共同制定。涉及的文化越多，团队规章就越重要。

团队规模越大，涉及的不同文化与时区越多，团队规章就越重要。我们每个人都有自己的沟通方式。有人喜欢打电话，有人更愿意写邮件，还有人活跃于社交媒体，热衷友通应用。诸如此类，不一而足。团队不能迁就个人喜好，因而必须有所约定。此外，文化特殊性也是很重要的一个因素。如，除非是事先明确约定好，否则晚上或周末打电话给团队成员在德国是非常不合时宜的。在墨西哥，给某人的手机语音信箱留言是非常日常的沟通渠道，但是欧洲人往往只在紧急情况下才会这么做。远程团队应当讨论所有这些不同的生活习惯和文化印记，共同约定固定的行为方式。由此而形成的标准与规范能大大简化远程团队中的合作。

# 08

第八章

# 挖掘团队潜力和发挥团队智力的目标激励方法

伯恩德看着最新的状况报告。如今他们进入建筑工期已有三月，地基和独一无二的抗震结构已经完成。他高兴地发现，在自己并不过多干涉的前提下，一切仍不断有序推进。克劳德找回了状态，正维系着各方的无障碍沟通。安妮在皮拉与琳达的支持下负责建筑进度。斯黛拉严格监管文件管理的诸多规则。在琳达的积极运筹下，另外又组成了一支扩展领导团队，包括所有直接向核心团队汇报的关键人物，如当地建筑公司经理和工程局主管等。在所有教授与学生投票选举后，纽约的教授表彰了三份最优秀的设计。现在，这三位学生也是扩展领导团队的成员之一。他们参加每月视频例会，通过聊天软件提出问题，并提出自己的想法。

“哇哦，”伯恩德想，“我们现在可真不得了，新想法源源不断！”事实上，扩展团队的确为建筑计划的细化提出了许多想法。一位曾参加过之前慕课课程的亚洲教授组建了另一支团队，他们的任务是记录最优实践方案。

伯恩德到底还要做些什么？他不断提出自己的改善想法，并定期给团队反馈。剩下的时间他则得留给重要的利益相关者，如特朗斯蒙塔尼亚的政府代表。为了维系重要的沟通，他已经两次飞往其首都。出于时间原因，这在过去几乎是不可想象的。明天他将与中国当地最重要的建筑公司之一的经理进行电话会议。安妮与特朗斯蒙塔尼亚的发展部长也将参加。在亚洲获得后续项目的前景非常乐观。

伯恩德很满意，项目稳步推进，克劳德又找回了状态，琳达建立了一支扩展团队。他自己则负责维护关系，并期待着亚洲的大订单。

伯恩德看向窗外——汉堡港、易北河及地平线。在他的脑海中，他仿佛看见由他的公司和更大规模的远程团队建设的亚洲大都会的天际线。伯恩德甚至有些亢奋，并不仅仅因为商业前景，更是因为他将有幸结识并激励更多有趣的人。虽然他只能通过网络的方式认识他们中的大多数，但是现在他已经学会如何建立强大的联系，如何亲切友好地与他们共事。

伯恩德决定提前结束这天的工作。他想好好庆祝一番已经取得的成就。他请助理在他妻子最钟爱的汉堡餐厅订了两人位。维贝克收到短信时激动不已。伯恩德已经好几个月没有和妻子好好吃顿饭了。

伯恩德把车停到餐厅附近后，在车里最后一次查看了邮件。他一下就看到智能手机收件箱里安妮的邮件，信件主题栏用大写字母写道：

紧急情况：施工周期延长了。

伯恩德不由自主地屏住了呼吸。他用手紧紧握住电话，仿佛想要把糟糕的消息捏碎。

“冷静下来。”伯恩德命令自己。在飞速浏览了一遍信件后，他又定下心读了一遍。虽然皮拉的新想法降低了材料成本，但因此让一切都延期了。由此产生了两个问题：首先，完工交房的日子越来越接近冬季来临的时候；其次，额外的工作将耗费原本期望通过改变建筑计划而节约下来的成本。预算是动不了的。这一点确定无疑。

伯恩德高涨的情绪顷刻烟消云散，再也没有庆祝的心情了。

“不断地变化，即将到来的冬天，极其有限的预算——我到底是为什么要做这一切？”伯恩德自问道，“在德国，要设计建造些什么容易多了。”他用拳头敲打着方向盘。

然而，半分钟后他又再次自问：“这次谁能帮助我们？”他不由回想了与自己的远程团队一起迄今为止所解决的所有问题。他想到了与保罗的座谈会，想到了成功的众筹和全新的设计。

我们这次还能战胜挑战吗？

我明天又该怎么向部长汇报呢？

突然，伯恩德想到一个点子：“为什么我不给团队设置一个不容置疑的最后期限呢？为什么我不说：到这个时候，最多用这些额外支出必须完成一切工作？这样他们应该会想想办法。”

就在伯恩德想要庆祝成功的时候，他获悉建筑工作遇到了关键的延迟。一开始他不由地抱怨起现状，但接着他决定孤注一掷。

在德国，伯恩德还从来没遇到过这种情况。他的时间计划始终是切实可行的，所有的预算也都绰绰有余。现在情况完全不同。

那么部长呢？“我得告诉他真实情况！”伯恩德的脑海中闪过这样的念头。“告诉他，因为一切都是新的尝试，所以我们还不知道是否能准时完工。我会说我百分之一百信赖我的团队。”这一刻他的眼前浮现出克劳德、安妮、琳达、皮拉和斯黛拉的脸，他还看到了只是通过屏幕认识的慕课的年轻学生的脸。今天下午他还只想着新楼房和炫目的天际线，如今他却想着他的员工们。他凭直觉感到：“是的，这是真的——我相信他们。我完全相信他们。”

“好，我来冒一次险。”伯恩德大声对自己说。他下了车，锁上自己的宝马。“我可是在拿我的好名声在冒险！”

当伯恩德走进餐厅时，他看到维贝克已经坐在他预订的靠着林荫大道的窗边座位。夜晚的港口景色美不胜收。这时，维贝克也已转过脸，对着他微微笑着。

第二天早上，伯恩德换上了雅致的深色西装和领带。今天他和安妮的日程安排便是与部长和中方经理的视频会议。作为唯一不在现场的人，伯恩德感觉有些奇妙。其他三人会在部长办公室汇合。

11点时，伯恩德坐在办公室。他喝了一口不带汽的矿泉水，清了清嗓子，打开了网讯。会议在十分正式而冷静的语调中开始。部长首先以亚洲特有的保守姿态赞扬了项目取得的进展以及对于当地劳工及物资的有意识的使用。同时，他也清楚地表示不能接受建筑进程的拖延。如今他的可信度及他所在政党的受欢迎程度正面临巨大考验。毕竟他们向民众做出了许多保证。在发言最后他直截了当地问道：“建筑最迟什么时候能全部完成？”

在视频会议上，伯恩德向部长和一位中方经理承诺项目最多延长四个星期。那时他对如何解决问题还毫无头绪。

伯恩德承诺最晚比预期延迟一个月完成所有工作。

这时安妮提出了B计划：为什么不先把中小学建完，然后把它们提供给那些冬天来临时房屋还未完工的家庭做临时安置使用？大家一致同意两周内决定是否采纳B计划。

会议结束后，伯恩德解开领带，靠在了转椅的椅背上。他甚至少见地将双脚架在了写字桌上。现在木已成舟！在没有切实计划的情况下，他顶着名誉受损的风险做出了承诺。如今只能仰仗信赖了。任何保障都已不复存在。

下午晚些时候，伯恩德给保罗打了个电话，想和他讨论一下最新进展。之前两人通过电子邮件约定17点整开始。

“你还好吗，伯恩德？”保罗心情愉快地问道，“我读了你们最新的状况报告。看起来你们似乎势头大好。”

“保罗，直到昨天我也是这么认为的。但是晴天霹雳，我们需要更多的时间和预算。虽然按照新的建筑计划我们可以降低材料成本，但需要更长的建筑周期，因此薪酬成本反而升高了。你知道我今天做了什么吗？我向分管部长承诺至多只延长一个月。我的天哪！我不知道该怎样才能完成。更不要说我们从哪儿搞来额外的资金。你现在一定觉得我疯了。但是尽管风险重重，我却仍感觉良好。”

“我完全不认为你疯了，”保罗回答道，“你只是信任你的团队，坚信你们会共同找到解决办法。”

“哎，现在扩展团队还不知情呢。但是我有信心，只要我们所有人群策群力，一定能想出办法。”

保罗建议伯恩德信任他的团队，坚信会有解决办法。此外他还建议召开一次专门解决问题的讨论会。

“伯恩德，我知道一个针对这一问题的工具和程序。你为什么不试试呢？”

“咨询软件有很多。”伯恩德不假思索地回答。

“伯恩德，我看到你的团队确实取得了很大的进步。”保罗继续说道，“我的下一步建议是召开一次反馈会议，让所有人对下列三个问题做出反馈：该继续做什么？停止做什么？开始做什么？你也可以在会议中引入工具，以此解决新产生的问题。”

“要邀请扩展团队吗？”伯恩德问道。

“如果是反馈会议，那就不必。你只需要你的核心团队。现在你们都彼此熟识。想要这样的反馈会议顺利进行，参与者必须关系密切，且已共同经历过一些事。如果是问题解决会议，那就需要与扩展团队一同进行。这样你能听取更多的专家建议。”

“好的，保罗。你再一次说服了我。”

讨论会在汉堡展开，同时通过视频会议在其他五个地点同步进行。伯恩德做了激情洋溢的动员。所有人都准备好更进一步。

团队反馈与问题解决的联合讨论会临时定在下周一举行。幸运的是，琳达正巧在伦敦办事，她可以飞到汉堡亲自出席会议。克劳德推迟了与他来自巴塞罗那的新女友玛丽亚的浪漫周末，毫不犹豫地来到了汉堡。为了参加讨论会，他周一还会留在市里。安妮和建筑公司的经理们留在亚洲通过视频电话参会。纽约的教授和一名年轻的亚洲同仁也将加入。皮拉、斯黛拉和保罗各自在家通过电脑登录网讯。毕竟预算紧张，因此大家的所作所为都是为了降低旅途成本。

讨论会到来的那一天，由伯恩德、克劳德和琳达组成的汉堡小组在伯恩德位于汉堡的会议室集合。这天天气晴朗，透过大落地窗能看到阳光照耀下的易北河闪耀着粼粼波光。奇特的光影又出现在天花板上。三人都坐在会议桌边，打开面前的笔记本电脑，等待着视频会议的开始。伯恩德又过了一遍议事日程，克劳德和琳达则已经展开了激烈讨论。

13点整，伯恩德启动了会议。

“大家好，欢迎来到讨论会。很高兴大家都准时出现。今天共有12人参会，大家分布在六个地方：汉堡、里约、特朗斯蒙塔尼亚、索非亚、开曼群岛的乔治敦，还有纽约市。这真是一次名副其实的国际会议！正如大家所知，我们的抗震房屋建造取得了巨大进步，但是为了适应建筑计划，导致工期出现延迟。现在我们一方面必须进一步加快建筑进程，另一方面则要想办法节约不可避免的额外工期所造成的经费支出。”

伯恩德深深吸了口气。

“面对这一情况，我斗胆做了一件在我作为企业主的整个职业生涯中从未做过的事。在尚未掌握详细的计划前，我以全团队的名义承诺了完工的日期。具体说来，这意味着，我们有额外一个月的时间来完成工作。现在这已是板上钉钉的事。政府会多支付建筑工人一个月的工资，其他所有额外费用必须由我们承担。今天我们需要一个全新的开始。我们需要突破！我们必须找到追赶进度同时节约开支的方法。我们必须赢得这场战争。这是一场对抗严冬的战争。冬天来临时，所有家庭必须有一方庇护之地。我们已经设置了全新的优先权，会首先完成校舍的建设。当天气变冷，帐篷不再够用的时候，我们可以在那里安置那些房屋还未建成的家庭。我坚信，我们齐心协力一定能打赢这一仗。为此，我赌上了自己的名誉。我知道我们一定能共同找到解决方案。我能相信你们大家吗？你们准备好与冬天和一切技术难题作战了吗？”

保罗带领大家进行寻找解决方案的头脑风暴。按照个性特质，整个团队分成四个小组。最终大家找到了开创性的思路和全新的前景。

现场和屏幕中，保罗听到有几个人大声说“是的”，其他人则赞许地点着头。看到大家点头，保罗便明白，这不是单纯的“是”“是的”，这意味着：“是的，我们准备好为了项目取得成功更进一步。我们真的想赢！”伯恩德感到轻松与感激，现在团队的信任感上升到了一个新的高度，大家干劲十足。这种感觉真好。

现在轮到保罗上场了。他向大家讲解了自己独特的头脑风暴方法。

“大家每个人都填写过视觉化问卷。根据资料我把你们分成四个小组。我把它们称为网络头脑风暴小组，并已加入我们的在线工具。请大家现在看一下自己属于哪个小组。每个小组都要对下列问题进行头脑风暴：我们怎样能在保持原有预算不变的基础上加快建筑进程？大家有45分钟讨论及建议时间。接着所有团队将向大家展示各自的讨论结果。大家还有问题吗？”

大家显然被点燃了斗志。与扩展团队的定期会议如今显现了其价值。所有人都了解最重要的建筑原则及最新施工进展。

伯恩德、斯黛拉和教授是战略小组的成员。他们是展望者，他们通览全局，谋划着不同的前景，对主题表现出巨大的热情。伯恩德在笔记本电脑上看着其他两位。尽管距离遥远，但大家很快就展开了热烈讨论，并把他们的想法记录在虚拟白板上。伯恩德给对方的创新力以极大空间，且非常善于聆听。即使观点不同，也不会立刻反驳，而是以提问的方式试图理解建议背后的意图。45分钟后小组制定了一份行动计划。他们指出还需进行哪些必要的额外调研，此外还以数值明确定义了效率。

现在到了展示成果的环节。由克劳德、皮拉和来自亚洲的年轻教授艾德稳组成的创意团队建议，实验一下是否能用三维打印的方式建造一些特定的建筑零件。这可以节约时间和金钱。谭教授领导的一群学生已经在研究这一领域。学生们自己发现了这一全新趋势，在中国，类似零件的三维打印已经取得了重大成功，只是在西方还未引起关注。

对于伯恩德来说，这仿佛是隧道尽头的一束亮光。

最令人高兴的是，所有小组都以截然不同的视角展示了自己的成果。其中包括替代材料的开创性理念、风险管理的全新前景及赢得民众、政府以及非政府组织全方位支持的沟通策略。

伯恩德心中的大石头落了地。他的团队真是无与伦比。成员们再一次超越了他的期望。

怀着深深的感动，伯恩德以他之前从未用过的话语结束了会议："能领导这支团队，我感到非常自豪。我坚信这支团队定能超越自我。我们将书写历史。"

## 流程固然好，信任更重要

远程团队和宇宙有什么共同点？宇宙中只有10%的成分由物质组成，那便是行星与星体；20%是虚无——黑洞和科学至今无法解释的其他现象；宇宙的70%是不可见的能量，包括将宇宙凝聚在一起的引力。远程团队的构成与之十分相似。团队的10%由团队成员和基础设施组成，即所谓的物质。20%是尚未开发的潜力，70%是关系和信任，即某种意义上将远程团队团结起来的引力。领导远程团队的艺术在于对这70%的专注。请您务必确保团队有强大的凝聚力。如果您能专注于维系团队的关系和信任，其所能带来的进步将令您震惊不已。

远程团队的组成中绝大部分是起到凝聚作用的充满信任感的关系。想要取得更好的成绩，应当专注于此。

现在您会反驳：一支团队首先需要高效的组织、秩序、规则和过程。这当然没错。想要取得流程最优化，有各种各样的方法，如精益管理、敏捷管理、每捷软件开发（scrum）管理或看板管理等。但是，关键在于，任何管理方式的核心都在于个人及其与他人的关系，在于团队中的自我责任与自我管理。它们有一个共同的名字，叫作信任。

结构与程序的重要性毋庸置疑。团队成员越素不谋面，就越要将团队成员间的互动制度化。流程、列表或特定的角色分配都可以提高效率。在第七章中我向您介绍了各种形式的团队定期互动，它们既能规定清晰的结构，也保证了内容的灵活性，其中包括更新个人及项目状况的每周非正式例会和主要汇报目标完成情况的每月正式例会。扩展管理团队，即那些直接向核心团队汇报的成员，也会参加每月例会。通过这种方式可以确保战略方针渗透到每一个层级、每一位参与项目的员工身上。伯恩德的团队在急切寻找加快建筑进度的方案时，它是能取得突破的先决条件。

团队成员越素不谋面，就越需要规定成员间的互动。合适的流程非常重要，但前提是不能损害内容的灵活性与员工的自我责任感。

缺少合适流程，远程团队将举步维艰。但关键在于以人为本和自我职责认知。进一步说，比起遵循事先设置的流程，更重要的是拥有清晰目标，促进自我责任意识。如今，流程依赖于诸多因素，也就是说，它们建立在先前成果之上，进行下一步时还要参考客户和其他利益人的反馈。此时的关键是每个人都拥有清晰的年度目标，并且能够自主决定目标完成方式。此外，必须有流程确保与最重要的利益方之间的稳定交流。客户观点至关重要，想要顺利进入下一个发展阶段，就必须始终将其放在心上。为此，敏捷软件开发可以定义角色，如“产品责任人”，这有点像是客户的律师，其职责是理解并向团队阐释对方的需求。而“敏捷软件开发大师”的工作则是组织交流，确保项目的每一环节都遵守确定的规则。

## 作为团队核心协调者的流程大师

远程团队中负责文件管理的成员往往非常适合协调员的角色。

为了确保流程顺利进行，应当有一位“流程大师”或协调者确保所有人都遵守约定的规则。在召开会议时，此人也可同时负责会议议程，监督时间框架的遵守情况。在我的团队中，我往往会把这一任务交给那个负责文件管理与电子目录的员工。协调员定义规范，如文件和文档的命名等，并监督所有人的遵守情况。协调员还可负责功能型会议，保证专家们在各自合适的时机发表言论。在伯恩德的团队中，斯黛拉承担了协调员的角色。她拥有出众的信息技术知识，也表现出了强大权威，确保所有人都能遵守规则。

**适用于每周例会的常规问题：**

- 我在过去一周为团队目标的完成做出了哪些贡献?
- 为了团队能更好地实现目标，本周我想做什么?
- 我是否发现了阻碍我或团队实现目标的障碍?

远程团队中的角色分配比现场团队更为重要。它清晰明了，确保了流程的畅通无阻。当然，员工所扮演的角色不能妨碍全体成员以目标为导向，为实现目标承担应有责任。基于信任基础的自我责任意识，比奴隶般固守流程重要得多。

纳尔逊司令战胜西班牙舰队是历史长河中的一个贴切案例。在19世纪初，海战流程千篇一律。舰队排列成两条平行线迎面而战，用安置在两侧的大炮互相射击。一场战役的“流程”明确不变。有大量文献记载，舰队排列和命令顺序如同何时射击、瞄准何处这些问题一样固定不变。纳尔逊司令却另辟蹊径。他允许他的指挥官们自己做出决定。英国舰艇没有像惯常那样平行地面对敌人，而是直接冲向敌方方阵，直击中心，造成敌人的恐慌。每艘舰艇的指挥官都能自主决定如何进攻，其基础是一种基于信任而非命令的全新的管理文化。远程团队的成员远比海战中的舰艇更加分散。因此，信任和自我责任意识对于激励员工及落实策略都扮演着更为重要的角色。

## 建立信任的艺术

您在之前的章节中已经了解到信任有两方面：首先是对于团队成员人格的信任，第二是对其能力与经验的信任。在人格信任方面，好感因素扮演着重要角色。我们倾向于信赖那些价值观相同的人。这时似乎就会产生化学反应，使得我们本能地喜欢上别人。因此，让远程团队的成员有机会展现自己的个性至关重要。应当提供足够的时间与机会和同事们交流个人生活。但光是如此还远远不够。为了在专业合作中产生真正的信任，往往需要大家共同面对矛盾事件。美国的管理学专家帕特里克·伦乔尼在其名为《团队发展的五大障碍》[7]一书中描述了阻碍团队取得成功的五大“杀伤性因素”。如果将其正面反转，它们就自动变成了每支团队的成功因素。

伦乔尼用金字塔型展示了团队的五大发展障碍或“杀伤性因素”，其根基便是信任——或者说缺乏信任——这是一切的基础。为了增强并维持信任，团队必须面对矛盾。幸运的是每当成功地解决矛盾后，信任感都会得以加深。您在本书中已经读到管理者应当如何营造一种宽容犯错的文化。关键在于鼓励人们挑战可控风险，在遇到问题时给予支持，在遭受挫折时不追究责任，而是询问可以从中获得什么经验。在远程团队中，有许多实际的例子，如迅速结束邮件中的互相责怪，取而代之为最重要的参与者创造彼此谈话的机会。

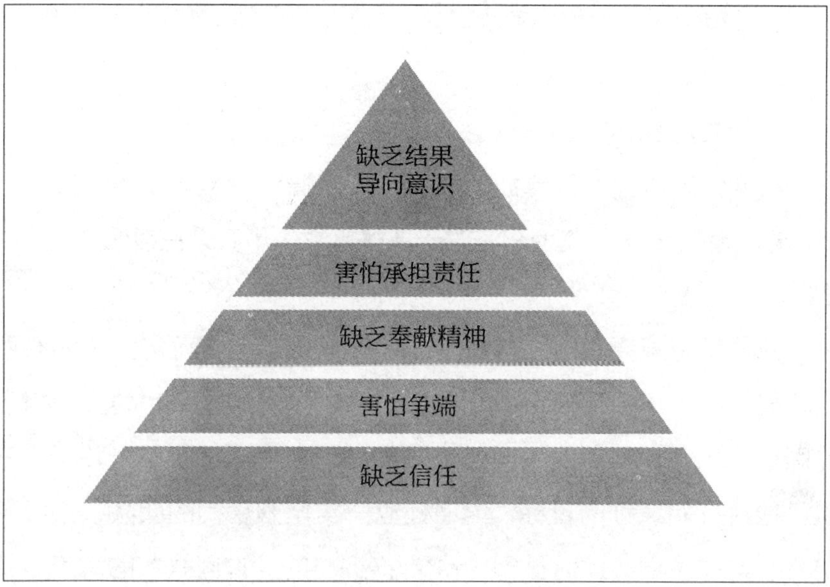


图 4　帕特里克 · 伦乔尼眼中的五大团队发展障碍

想要一劳永逸地解决矛盾，需要聪明的领导。如第七章中所写，管理者需要彼得 · M.森格所提出的“询问式”[8]沟通方式。请您不要过于理想化：矛盾始终存在，它们几乎是不可避免的。仅仅是不同的工作方式和优先权就已经堆积了诸多潜在矛盾。如有的人竭尽所能想要遵守期限，而有的人则更在意人际关系，甚至可以为此牺牲对于期限的忠诚。在国际远程团队中，文化印记扮演着同样重要的角色。在有些文化中，任务比关系更重要——在另一些文化中则恰恰相反。这只是诸多可能产生的跨文化矛盾的一个例子。为了能更好地理解跨文化冲突，我建议您阅读一下之前已经提及的艾琳 · 迈耶的《文化地图》[9]。了解作者提出的八个文化维度对团队领导和整支团队都很有帮助。人们可以对各种跨文化冲突的原因进行

远程团队必须制定一个战胜冲突的基础框架。信任是重中之重。此外还需要跨文化能力及“询问式”的沟通方式。

归类，并有针对性地加以解决。

**方法：**

**请您学会区分专业矛盾、个人矛盾和跨文化矛盾。艾琳·迈耶的《文化地图》对于理解跨文化矛盾大有帮助。**

并非所有矛盾都因性格或文化差异而生，也有可能是因为有些团队成员拒绝承担责任，或某些成员喜欢发号施令，想要主导自己的同事。另一种常见的情况是成员们忘记了目标，或某人并不十分认可他最开始宣称的目标。为了建立一支坚强稳固的团队，必须解决所有这些矛盾。此时彼得·M.森格提出的“询问式”的沟通方式非常有用。越理解人们的初衷及其行为的目的性，就越能妥善解决矛盾。如果人们不能转换视角，试着理解其他团队成员的需求和观点，而一味固执己见，矛盾只会不断升级。反之，如果能成功化解矛盾，更强烈的信任感也会油然而生。

在远程团队中，主要通过互相咬合的目标激发人们的参与热情和自我责任意识。只有每个人拥有明确的年度目标和决策自由，并且其目标完成取决于其他成员和他们的目标，才会产生责任意识。关于这一点，我已经在第四章中做了详细描述。当团队成员自觉承担起责任，他们也就变得敢于面对矛盾，并对团队施加适宜的压力。此时至关重要的永远是团队文化。如果人们容许犯错，始终以“探寻”的方式进行沟通，如果团队领导能真正以身作则，那么，团队绩效自然会大幅提升。

## 远程团队的四个典型阶段

维系远程团队的高涨热情并非易事。团队成员们在不同地点办公，经常会出现不同的管理层面。重要的是怎样制定目标，怎样将战略决策传递给所有地点、所有层面的全体成员。您已经了解了怎样设定环环相扣的目标，使个人目标共同结合成为团队目标。为了传达决定，团队往往通过电子邮件发送谈话记录。但这远远不够。更重要的是通过电话或视频会议宣布决定，并给员工提问的机会。此外，所有人随时保持同步也必不可少。为此，与扩展团队共同举行的每月例会是重要媒介。会议结束时的聊天或提问环节给了所有人参与感，令他们能倾听彼此想法。只有存在提问与反馈的可能时，各项决定才能传递并贯彻到所有层面。

全队拥有唯一且清晰的目标决定了是否能产出成效。在伯恩德的团队中，所有人都目标明确：那些无家可归的地震受难者在冬天来临前需要新房子。这一目标享有首要的优先权。其他一切都必须服从它。像这样目标清晰的团队任何时候都不会迷失方向，它们能为此设置其他优先权，明确衡量项目进展，并且全身心投入。此外也不能忘了：信任是一切的基础——它是团队中所有资源与行动的共同分母。然而，信任却不断面临挑战。即使有朝一日取得，也不代表能一劳永逸。恰恰相反，人们必须一次又一次地重新赢得信任。

每支团队——无论是现场还是远程团队，在发展中都会经历典型的一些阶段。许多作家都曾科学性地描述过这些阶段。其中，您也许听说过布鲁斯·塔克曼的经典阶段模型。[10]该模型于1963年首次发表，因其四个发展阶段的名字而声名远扬，那便是“组建期、激荡期、规范期和执行期”。在德语中，它们往往被翻译成“交流、矛盾、约定、合作”。当然，为了更加贴切易懂，我们还是保留了其英语概念。这一模型也可以运用到远程团队的特殊性上。

长期保持高涨热情对于远程团队是尤为艰巨的挑战。此时各种措施应当共同作用。

在组建期，人们会基于好感因素及对于个性的猜测而产生最初的信任。在远程团队中，大家一开始对彼此知之甚少，因此，座谈会能为信任带来突破。如果无法实现，至少应当在视频会议上梳理所有团队成员的个人及职业曲线。

有些团队在组建期阶段便停滞不前。他们停留在舒适区，彼此礼貌相对，却没有实现全部潜能。塔克曼就已经认识到大约只有一半的团队敢于讨论并解决真正的矛盾，并以此进入激荡期阶段。远程团队的情况更为极端。团队成员要么完全避免矛盾，要么试着通过电子邮件来解决矛盾。因此，团队管理者在这一阶段扮演着至关重要的角色。他应当能够随时联络，积极且亲力亲为地与个别团队成员以及整个团队沟通，并有能力识别和提出矛盾。如，他应当非常仔细地阅读邮件，一旦发现邮件来往频繁或通过邮件推诿责任等矛盾升级的苗头时就要立刻介入。管理者无须知道矛盾的解决办法，但是必须安排矛盾各方通过电话或视频会议相互沟通。同时，他应当事先展示理解与开放的态度，通过自己的行为告诉团队切勿过快评判他人。

布鲁斯·塔克曼的经典阶段模型也适用于远程团队。远程团队会更为极端地避免产生矛盾，或者他们希望通过电子邮件解决争端。

**小心陷阱!**

如果选择通过邮件解决问题，远程团队中的矛盾反而会异常快速地升级。团队管理者应当时刻关注邮件往来，在遇到矛盾时安排相关人员通过电话或视频会议互相沟通。

第三阶段规范期的关键在于角色与流程。流程很重要，但也只是团队成功的基础。只有当人们受到鼓舞，彼此信任，愿意为团队成功全力以赴时，才能产生真正的最佳绩效。高效的流程本身不是目标。远程团队成员各自承担相应责任是规范期顺利进行的保障。在伯恩德的团队中，斯黛拉是规范期的关键人物。与前两个阶段的举足轻重不同，管理者在第三和第四阶段可以稍稍退位。可能的话，现阶段也可修改一下沟通方式。不用过多指示，此时他的角色更多是加油鼓劲、保持全局观和培养员工。

心理学家们发现，我们在冷静克制的有意识状态下，至多只能调动60%的潜力，只有在受到激励、鼓舞的状态下才能发挥100%的潜力。因此，在事关团队绩效最大化的执行期，团队管理者最重要的任务之一便是鼓舞他的团队。

结构清晰的定期沟通为最优表现铺下基石。在关键时刻大家齐心协力，新点子便应运而生。

在我们的故事中，伯恩德直觉地相信自己的团队，并准备好为此承担名誉受损的风险。他的冒险精神得到了回报。他有幸目睹顶尖团队的无所畏惧，所向披靡。这就是执行。伯恩德定期安排结构清晰的沟通，这是先决条件。在关键时刻，他的员工们激情洋溢地面对问题。他们知道最重要的目标是什么，并纷纷为解决问题出谋划策。在信任的氛围中，大家自然而然对其他成员产生了积极的期待。人们坚信一点：这支团队无所不能！这便已经踏上了取得无与伦比的成就与成功的道路。

# 第三篇

# 远程团队绩效的
# 控制与提升

09

第九章

# 促进团队扩展与创新的关键因素

伯恩德在慕尼黑参加一场有关建筑及施工材料的展览会。多亏团队成员自主负责的工作态度，他终于有更多时间可以接触新人和新鲜事物了。

日出壮美无比。伯恩德将视线从架在大腿上的平板电脑上移开，转向飞机窗外。在他的下方，稀薄的云层就像一片刚被第一缕阳光抚摸过的紫罗兰色海洋。在远处的天地交汇处，紫色慢慢变成了明亮的红色，能看见正在升起的太阳一角。伯恩德正在前往慕尼黑的途中，他将参加两年一届的建筑、施工材料及体系展，希望能在那儿发现最新趋势，结识有趣的同仁。但11点时他得找一个安静的角落。他正在策划一次与安妮和艾德稳的视频会议。后者是一位来自中国的年轻教授，他在纽约为慕课工作，并且已经带领他的学生团队研发出了新型的建筑材料。伯恩德已邀请艾德稳参加扩展团队。现在他想听他谈谈最初与材料打交道的种种经验。

早上进展顺利。伯恩德在人潮中挤向展会大厅。引人注目的摊位前人头攒动，热烈的交谈，手中附有传单的小吃，所有五花八门的展品所拥有的色彩、灯光，还有面庞都令他感到新奇，唤起了他承接项目的干劲。11点整，伯恩德坐在咖啡区的沙发椅上，手里拿着刚刚冲泡好的咖啡，启动网讯准备与安妮、艾德稳通过视频见面。

“晚上好，安妮。晚上好，艾德稳。你们好吗？”

安妮回答道："早上好，伯恩德！我很好。我现在在家办公。我们有激动人心的消息要告诉你。"

"早上好，伯恩德，"艾德稳说道，他的声音听起来冷静克制，"我很高兴，也很荣幸能与你面对面交谈。在扩展团队多次讨论后，我现在可以向你汇报新材料的进展以及它对我们计划的影响。"

"太棒了！今天我主要想知道新材料房屋的实际完工日期。"

"我们和当地施工方取得了重大进步，"安妮说道，"克劳德、皮拉、艾德稳和他的一些同事以及慕课学生为我们提供了巨大帮助。艾德稳是所有讨论的协调者，所以我建议由他来汇报我们的成果。"

伯恩德正与年轻的中国教授艾德稳对话。他是团队的新成员，在他的带领下开发出了新型建筑材料。最初的接触让人十分愉快。

"乐意至极，"伯恩德说道，"这个远程舞台是属于你的，艾德稳。"

"伯恩德，首先我非常感谢你任命我为新型建筑材料远程子团队的负责人，"艾德稳开口说道，"我们会尽一切努力加速施工进程。"

"很高兴你这么说，"伯恩德微笑着答道，"自我责任意识在我们这儿至关重要。欢迎你的加入！我希望你能够乐在其中。祝你成功。"

"好的，谢谢！我领导自己的这支远程团队已经数周有余。"艾德稳汇报道，"我们已经召开了几次会议，并制定了一个流程。最开始，我们与克劳德、皮拉及建筑公司的主任工程师与工地协调员召开了一次大型会议。我的核心团队由工程师和慕课中赢得比赛的三位学生组成。他们的方案已经融入了最终的建筑计划中。需要与政府部门协商时，安妮也时时提供帮助。但是她并非我们团队的固定成员。"

伯恩德满意地点点头，啜了一口咖啡。

“我和三名大学生共同制定了一份详细的方案，主任工程师已经审核完毕，现在正在施工现场测试。”艾德稳继续他的汇报，“长话短说，我们相信能在十二月中旬完成房屋建造。伯恩德，这样就能满足你的预期了。但要做百分之百的保证还得等到测试结束才行。只有那时，我们才能知道是否所有估算都经得住考验。”

“看起来不用我插手大家就已经干得热火朝天了。太棒了！如果政府还记得我是谁那便更好了。”伯恩德最近越来越喜欢开玩笑。“说到政府，安妮，政府这儿有什么新消息吗？”

“伯恩德，我还想先听听会议内容和艾德稳的汇报。明天我会向部长汇报我们的进展，我会提出12月中旬为完工日期。当然前提是所有测试取得成功。”

“非常好，”伯恩德说道，“艾德稳，下周三你能在扩展团队会议上介绍项目的最新方案吗？我希望所有人的信息都保持同步。至今为止你做得太出色了！”

伯恩德关上网讯，站起身，感觉浑身充满了力量。是的，确实是这样，如果能找到合适的人，把大家集合在一起，让他们自主承担责任，就没有什么是做不到的。他几乎无法相信，在自己并未过多插手或施加压力的前提下，项目进展竟然如此神速。这种经验比他以往的任何项目都美妙得多。他心情大好地继续穿梭在展会大厅，为未来寻找合适的战略伙伴。

接下来的周三，伯恩德坐在汉堡的办公室内。外面下着雨，雨滴从巨大的玻璃窗上滑落。易北河对岸港口的起重机依稀可见。尽管窗外景色迷蒙，伯恩德的思绪却明澈如镜：要想进一步加速施工进度，我们的团队接下来还能做些什么？在慕尼黑的展会上，伯恩德看到了许多智能房屋的新理念。但是，这一切对于特朗斯蒙塔尼亚来说都太昂贵了。还能想出什么更简易的解决方案吗？如果扩展团队能够集思广益，一定会有新主意。

带着这种想法，伯恩德打开网讯。当他以管理员身份登录时，发现有些扩展团队的成员已经在在线状态了。

“大家好！”11点整，伯恩德输入信息开始会议，“衷心欢迎大家。今天是我们的第四次扩展团队会议，在这之前我们已经取得了许多切实的成绩。至今大家都做得非常好！像往常一样，今天核心团队的每位成员会向大家汇报项目的最新进展，这样我们便能自动了解项目整体的发展情况。如果扩展团队有问题，请在聊天中输入。会议最后我们会统一回答大家的问题。今天的议程上还有艾德稳的汇报。他将向我们介绍投入使用新型建筑材料后取得的进展。好了，下面我们开始吧。”

首先核心团队成员汇报各自项目的最新状况。如在第一次由保罗主持的座谈会上所约定的那样，所有人都结合了项目的硬性因素和自我责任及接纳外部团队伙伴等软性因素。

对于软性因素的不懈追求已经物有所值。能有这样一支扩展团队本身便是这一努力的结果。由琳达引入的接纳新成员的“哥们儿原则”[11]效果显著。此外，邀请重要的合作伙伴参与一些固定会议也是切实有效的。通过这些方法，虽然团队成员们天各一方，却维系着强大的凝聚力。

现在轮到艾德稳了。

“大家好！很高兴也很荣幸能向大家展示我的工作成果。我是一名来自纽约的年轻教授，但是我大多数时间待在我的故乡中国。

在这一项目中，我领导着一支由才华横溢的慕课学生和特朗斯蒙塔尼亚当地合作方组成的子团队。我们的任务是投入使用新型材料。首先我想以我们团队的名义向为我们提供了巨大支持的克劳德和皮拉表示感谢。这两位为我们尽心尽力地付出，无私地与我们分享经验，帮助我们与重要伙伴取得联系。此外，琳达还承担了接纳新成员的任务。她向她们阐明我们的目标，帮助她们适应我们的工作方式等。我还要衷心感谢斯黛拉，是她出色的文件管理保障了畅通无阻的合作。正如大家所知，为了加快工期，我们选择三维打印新型材料。目前我们正在实验阶段，而建筑工作也还在不间断地进行。”

新组建的子团队大大拓展了关系网，新想法接踵而生。其中一项便是在房屋上加盖太阳能屋顶。

艾德稳继续详细汇报项目进展和顺利完成测试阶段所需做的一切工作。聊天中出现了第一批问题。

“如今我们已经激活了一张巨大的关系网，”艾德稳说道，“我的团队成员们正在与各种供应商与潜在合作伙伴接洽。昨天这张关系网还传来了一个全新的理念。我们的学生之一提到，如今中国正在实验价廉物美的太阳能屋顶。整件事尚未全部公开，但是我们想办法得到了一些数据，并已计算出安置成本以及太阳能屋顶所能产出的能源利润。

“有意思！”伯恩德惊叹道。

“据我们估算，越是在偏远地区，太阳能屋顶越能帮助特朗斯蒙塔尼亚政府节约重建供电网络的支出。因此，我们建议顺应这一趋势，至少在一些房屋上加盖太阳能屋顶。根据中国的数据，我们粗略地起草了一份商业运作方案。至于资金，我们可以通过安妮直接求助政府。”

“我怎么没想到！”克劳德说。

“如果我们能像中国那样以低廉的成本建造太阳能屋顶，”艾德稳解释道，“那么不但能节约建筑开支，还能降低使用成本。这对政府应该有着巨大的吸引力。”

“太激动人心了，”皮拉说道，“我刚才就一直在想，南美可以做借鉴。”

“还有非洲！”琳达神采飞扬地补充道。

“下一步做什么？”伯恩德问道。

“我现在先把完整的商业运作方案发给核心团队，”艾德稳解释道，“我期待着克劳德和皮拉的反馈，当然还有你，伯恩德。结合考虑你们的反馈后，我将和安妮一同向政府汇报计划。伯恩德，届时也请你列席会议，这样双方才势均力敌。”

“我当然会反馈，”伯恩德说道，“而且，我也很愿意参会。同时我希望你艾德稳，继续保持干劲。说不定我们正在做一件所有发展中国家都能从中受益的事。”

“有任何消息都记得告诉我，”克劳德插话道，“我在建筑行业人脉广泛。新型材料和方法始终是一大课题。我们也许真能成为趋势引领者。”

伯恩德激动不已。几天前他还在为如何更快、更有效地施工而绞尽脑汁，现在各种想法喷涌而出。甚至已经有了太阳能屋顶的详细商业案例。扩展团队的每位成员通过自己的关系网所取得的成绩超出了他的所有期待。即使没有他，大家仍各自进行着各种交流——而且一切正恰如其分地朝着他所期待的方向前进。

大家共同决定增加太阳能屋顶。艾德稳会制定一份商业运作方案。人们期望政府也能积极参与。这一方法将节约大量开支。

一周后，伯恩德收到了安妮的邮件，邀请他参加与分管部长、负责基础设施建设的一位高官以及国家能源集团董事长共同召开的电话会议。会议目标是确定房屋最终完工日期并讨论太阳能屋顶的商业运作方案，届时也将涉及资金来源及必要的许可。一周周以来，终于越来越激动人心了！他的团队取得了越来越多的成就。伯恩德本能地确信，他能在亚洲做更多的工程。他深深感谢这支完美的团队，是的，随着时间的推移，他变得越来越充满感恩之情。他的团队不断发现新的趋势，并且凭借明确的自我责任和高涨的热情将它们立刻转化为行动。

## 为何远程团队对新趋势的反应尤为迅速

远程多文化团队的多样性促进了创新能力。人们能获得多语言信息，再加上个人责任意识，想法定能喷涌而出。

在快速扩张和顺应潮流方面，远程团队有着天生的优势。只要团队文化适宜，人们往往才思泉涌，迅速理解并接受新鲜事物。远程团队何以如此强大？首先是因为团队的多样性。团队成员来自不同的大洲、时区和文化，自然拥有截然不同的视角。创新力研究表明，多视角是新想法的关键因素。此外，团队成员越分散，人脉便越广泛，因此能获得更多信息，了解最新趋势和成果。当不同文化在团队中交汇相融，创新力便应运而生。成员们深谙各大洲的市场与客户需求，能大大拓展团队的视野。此外，还有一个相当实际的优势：无论线上线下，多文化团队都拥有多语言信息。

有了合适的团队文化，人们就会拥有自我责任意识，假如允许成员们自主抉择，团队就将具备勇于探索的精神。团队成员们发挥主观能动性，利用自己的个人关系网获取新鲜想法，并招募更多的合作伙伴。当成员们能在较大的团队前介绍自己的理念，就已经跨出了第一步。伯恩德的项目中有一支扩展管理团队。它由各位业绩斐然的项目成员组成。如艾德稳一样，他们有机会领导自己的子团队，并继续引入更多的合作伙伴与供应商。

在类似跨国巨头公司这样等级分明的组织中，扩展管理团队是由那些直接向领导团队进行汇报的人员组成的。与之相对，人们发现一些相对较小的机构越来越倾向于由无等级划分的自我管理团队来完成项目任务。无论如何，出发点总是伸长远程团队的触角，接收并吸纳最新趋势。远程团队在不同关系网中的触角伸得越远，就越容易将流行趋势迅速转化为创新行为。

创新本身就是目的，且必须速战速决。问题是，怎样才能促进创新，保证快速的创新周期？怎样才能尽早认识趋势，并为我所用？根据我的经验，迅速创新有三点关键因素：

1. 团队结构
2. 沟通文化
3. 团队文化，尤其是绩效文化

这三点密切相联。如果三者共同作用，就能快速掌握潮流，发扬创新。

## 团队结构：传统还是扁平？

快速创新是团队结构、沟通文化以及团队文化共同作用的结果。扁平等级结构往往能促进创新。

远程团队的组织架构越来越趋于扁平化。虽然形式上有一位建立团队、制定最初预算的团队主管，但是怎样起步、怎样分阶段发展在很大程度上取决于整支团队。扁平结构没有中层管理者。所有人都向少数高层经理汇报。这是一种尤其适用于中小型企业的模式。在德国和西欧，中小型企业倾向于彻底废除整个等级制度。放弃多余管理层自然能节约开支，但最大的好处还在于更快的创新速度。扁平结构的企业能快速将关键项目推向市场。他们决策更快，拥有更好的信息流，通常员工工作也明显更为投入。

令人惊讶的是，并不只有中小企业重视扁平化等级。即使像谷歌公司这样的互联网巨头也几乎完全采取扁平化管理。谷歌公司有一些超过150人的团队，其成员全部向同一位高级副总裁汇报。扁平化结构使人们可以快速决策，保证几乎瞬时的双向反馈。这真是创新的理想环境！这种扁平等级需要与传统组织截然不同的薪资体系。在谷歌公司，工资严格按照绩效，或者更确切地说，按照每位员工对于企业目标的贡献值发放。

## 沟通文化：透明与“追随者”原则

如果您希望拥有畅通的沟通渠道和全力以赴的员工，透明是重中之重。这不仅仅是指团队中的所有成员都必须了解战略目标，还指所有成员应当积极扮演定义目标的角色。扁平化等级有利于迅速决策，因为通过某一单独决定不需要过多人员的参与。但是若想使决策顺利推进，就需要彻底的透明。所有战略决策及其原因应当公开，理想状态下应当始终以类似电话或视频会议等同步方式做出重要决定。只有如此，您才能确保所有团队成员随时紧跟团队目标与理念，同时所有外部伙伴也置身其中。

许多像W.L.戈尔公司这种成功的创新企业，如今都遵循“追随者”原则安排项目工作。也就是说，项目不再是自上而下分配，而是公司的每位员工都可以启动项目，并为此招募追随者。员工们在各自的关系网中寻找创新理念，在公司向他人介绍自己的理念并以此搜索寻找志同道合之人。想法越好，追随者可能就越多。每位员工自主决定想要跟随的人或想要贡献力量的项目。获得最多追随者的人将得到公司资助。追随者的数量也决定了其在公司中领导责任的比重。如，W.L.戈尔的首席执行官特里·L.凯利就是公司中获得最多追随者的那个人。在追随者原则中，光有天才的想法与理念还不足以一锤定音，员工们还必须证明自己拥有激励和领导他人的能力。有时也会出现双璧争锋：其中一人是创新的天才，而另一人则更善于领导——这有时更有助于获得商业机会。像这种成功合伙人的著名案例有比尔·盖茨和保罗·亚伦、斯蒂夫·乔布斯和斯蒂夫·沃兹尼亚克。

在“追随者”原则指导下，项目不再自上而下分派。公司的每位员工都可以为自己的提案招募追随者。拥有最佳理念就能找到最多的支持者。

在扁平化结构的远程团队中，人们基于自我意识自觉自律。团队主管无需每次干涉，队员们便能互相协调。为了这一自我管理能长期有效运转，需要能让大家交流想法，彼此支持或共同进行创新头脑风暴的有组织的团队论坛。“敏捷软件开发”这一项目管理方式甚至认为每天的工作应当由每日例会开始。所有人在会上简要说明当天的工作重心以及所需员工。有时大家在这类会议上就已经交流想法了。对于5人左右的小团队来说，一刻钟就足以共同开始每天的工作，交流一些创新的想法。这一方法即使在大型团队中也同样行之有效。

一些硅谷的网络公司规定，所有人可以在一周中挑选一天跟进自己的项目。员工们拥有自由空间，可以搜集资料、测试想法并激励公司中的其他人。也许现在您会说，这只适用于产品创新极度依赖于每位员工的创新、经验和生产力的电子经济行业，但因为如今创新是所有领域的生存关键，因此事实上这一方法在传统行业也切实可行。自我管理、自我职责及“追随者”原则已被大小不一的各行各业公司所接受。付出一定会得到回报。

## 团队文化：自由与自主通向顶尖表现

快速创新的第三个关键因素是团队文化。这里的核心是价值。网联合作给予人们选择工作时间与场所的巨大自由。由此，自由也几乎自动成为了每支远程团队的核心价值。我完全赞同远程团队管理者主张自由。就我的经验而言，保证高度自由，以绩效而非工作时长为标准衡量员工是屡试不爽的办法。除了自由，自治与自我实现也是基于自我管理的远程团队的重要价值。扁平化结构的远程团队的基本原则是，顶尖专家们在直接参与决策过程，而非始终受到来自“上头”的监控时能最大化发挥自己的生产力。远程团队的管理者角色与传统的自上而下的理念相去甚远。时至今日，管理者最重要的角色是“鼓励者”，其衡量标准在于他们能多大程度启发并激励员工。因为几乎没有什么领导岗位，升迁在扁平化阶层中已经不再是重要的动力因素。相比之下，有机会在项目中迅速承担责任，并拥有相应的决策能力是更大的诱惑。在伯恩德的团队中，艾德稳抓住了他的机会。现在新材料就是“他的事儿”了。比起做领导及承担形式上的责任，飞快的创新速度和频繁的思想交流往往更吸引远程团队的成员。

因为可以自由选择工作的时间和地点，自由几乎自动成为远程团队的核心价值之一。在当今，许多人认为自主工作比传统意义上的升迁更加重要。

自主与创新紧密相联。创新研究表明，创新往往是自主交流思想的产物。因此，像谷歌公司或苹果公司这些高度创新的企业，会有意识地安排尽可能多的员工在公司内尽可能多地“碰巧”相遇，为创新交流创造机会。硅谷众多的咖啡馆和公司中会所式的空间并非纯粹的奢侈享受，其目的恰恰在于促进非正式、非计划的创新交流。自主性以及“有意的巧合”毫无疑问是个好办法，但是我认为还可以在远程团队有组织的沟通过程中激发创造力。为此，需要在定期会议中安插非正式讨论的相应契机。关于此点，您在本书的第二部分已经有所了解。

一些我曾提供咨询的公司遵循一种非常有趣的理念，他们开设了“网络咖啡馆”。团队成员们手握咖啡或茶水参加视频会议，由此非常随意地开始交谈。此时关键在于所有人必须有一块电子白板以便记下想法。当然，绝大多数使用视频会议的场合都会配备白板。这种方式是否能真正带来创新并不取决于技术，而是团队管理者有多少能力在网络创新会议中识别有用的想法，并专注于将其转化为实践。当然，也可以偶尔邀请合作伙伴加入“网络咖啡馆”，这能带来更多样化的创新交流——其结果也很可能更加有趣。此时，远程团队甚至有一个不可战胜的优势，比起现实团队中必须实际跋山涉水，远程团队想要邀请有意愿的人物参加头脑风暴要简单得多。

根据创新研究，除了多样性，自主也是短时间内产生诸多创新想法的关键因素。有组织的交流也能促进创新。

**方法：**

在“网络咖啡馆”中，团队成员通过视频会议相约共同喝茶或咖啡，在轻松的氛围中交流想法。想法可以记录在电子白板上，来自朋友圈的客人们也可定期丰富聚会内容。

我们还可以向信息技术行业的开源运动学习。这里的原则大多时候也是由某人自主启动某一项目，并寻找“追随者”修改细化由项目发起人上传的开源代码。企业如果希望重要伙伴远程参与某一项目，并让他们自主完成某些阶段性任务，就可以借鉴开源运动的经验。只要人们享有自由和自治，能实现自我价值，飞快的创新速度和无与伦比的成功放之四海皆有可能。

# 10

第十章

# 融合多样性、差异性为优势的团队文化建设举措

假期中，伯恩德没有阅读电子邮件。回家后，他发现亚洲的建筑商要求伯恩德在修改过的合同上签字。没什么大不了的，伯恩德想。

和家人共度的休假令伯恩德身心放松。他和妻女在特尼里费岛待了十天。与现在汉堡的阴沉天气截然不同，这里湛蓝的天空和炙热的阳光给了他力量。只有一天下起了短暂却猛烈的暴雨。或许是远处海面上暴风雨的余威，很快大西洋上便升起了绚丽的彩虹。每天，伯恩德先和女儿打网球，接着与维贝克散步，在漫长的散步途中两人总是激烈地讨论着些什么。他向两位女士承诺度假期间绝不阅读电子邮件。如果真有什么要紧事，他的团队会直接打电话。对电子产品的“斋戒”，有助于伯恩德重拾精力。然而，随着一天天过去，他越发想知道特朗斯蒙塔尼亚的项目进展。在伯恩德启程前，团队经历了两次重要更新：新型建筑材料和太阳能屋顶。伯恩德迫不及待地想知道，它们对于时间节点的影响。

回程的航班上，伯恩德睡了大半程。他决定在飞机降落汉堡后就查收邮件。在行李领取处他就迫不及待地开始浏览苹果手机上的新邮件列表。为了不错过传输带上最重的箱子之一，女儿不得不拽了拽他的袖子。第一眼看去，这10天似乎没有什么紧急邮件。他看到了艾德稳关于太阳能屋顶和新型建筑材料的一些最新进展汇报，有一些邮件主题中写着“需要决策”。伯恩德首先打开了这些邮件。

到达停车场后，维贝克提议由自己开车，好让伯恩德继续处理邮件。她很少如此慷慨，然而特尼里费岛的美好假期为他们的恩爱账户充了值。因此，这次维贝克并未责怪坐在身边却一心只顾邮件的丈夫。伯恩德可不想透支他们的恩爱账户，他提出晚上由他来做饭。

邮件中写道，关于新型材料，人们需要一些新工具和供应商。艾德稳等待着伯恩德做出决定。原则上说，只要不超出预算框架，伯恩德并不介意支出一些额外费用。然而，亚洲的建筑公司似乎仍想要伯恩德在新合同上签字。“好的，马上就办。”伯恩德想着，并通过邮件请艾德稳组织一次与建筑公司经理及其重要员工的视频会议。

视频会议安排在两天后。伯恩德正在开车时，施工现场出现了始料未及的问题，他必须立刻与当地施工负责人会面。伯恩德非常不情愿地同意召开会议，他深知自己只能在车上与亚洲的建筑公司开会了。10点30分，伯恩德把车停在高速公路边上的一处服务区，打开了手机上的网讯。这不是他第一次在半路上开会，然而这次他有些紧张。启动会议后，安妮马上就上线了。她坐在建筑公司的办公室里，身边是建筑公司负责人，一位中年的亚洲商人，此外还有两名他最亲密的助手、主任工程师和施工现场协调员。艾德稳在中国参加会议，这一次他配上了西装和领带。至今伯恩德还没见过这位能干的青年教授系领带的样子。

在电话会议上，伯恩德与建筑公司的亚洲主管间的文化差异浮出水面。伯恩德认为艾德稳本可以事先向主管解释一下。

“各位，晚上好，”伯恩德开始会议，“很抱歉我不得不在车里向大家问好。我正在前往一个施工现场的路上，马上要在那里召开紧急会议，除了这样我别无他法。希望大家都能看清、听清。”

“早上好，伯恩德先生。”建筑公司负责人干巴巴地回答道。伯恩德已经习惯听到亚洲人称他“伯恩德先生”，因为他们很难对外国商业伙伴直呼其名。一般来说，要花很长时间他们才会直接称呼伯恩德。

“很高兴能与您商谈两项最新进展的结果，”负责人继续说道，“一方面我们相信更为高效的技术能加速施工进度，另一方面则必须纳入新供应商、培训员工并招募更多人手。这对于我们来说意味着更多的间接成本和支出。我想和您谈谈如何分担成本的问题。”

“主管先生，恕我直言，但是我已经委托艾德稳全权负责这两项内容，因此我根本不知道在这过程中您们谈了些什么。如果我没理解错的话，无论是新型材料还是太阳能屋顶，最终应该都不会产生额外费用，因为其产能足以覆盖投入成本。在我度假期间，艾德稳没有和您讨论过吗？”

“艾德稳教授负责和我的主任工程师及施工现场协调人接头，我看中的则是您个人的投入，伯恩德先生。无论是现在还是将来的合作。”

“亲爱的主管先生，之前我和我的德国团队也是这么做的。我亲力亲为负责所有的事，甚至计算每一项支出。现在我是一支出色的远程团队的管理者，我相信我的团队，只要在约定框架中，我愿意让他们发挥所长。关于预算亦是如此。也就是说，艾德稳是您的沟通对象。另外，您为什么不也这样做呢？给您的员工更多自主决策的机会！这样我们的项目会进展得更快。请您相信我，这值得一试。”

说话间，伯恩德看到艾德稳先是愠怒地看向镜头，接着垂下了目光。安妮专注地听着，看起来十分警惕。

伯恩德感到自己来到了一片雷区，却不得其解。他还没来得及提问，主管就插话了。

“尊敬的伯恩德先生，恐怕我得推迟一周好好考虑一下我们的合作关系。”他的声音冷若冰霜，尽管表面波澜不惊，但能看出他的内心正波涛汹涌。

伯恩德几乎不敢相信自己的耳朵。

“什么叫推迟一周？”他对着话筒喊道，“我们签了有效合同，成百上千的民众等着冬天来临前搬进自己的家！”

“一周后我们会再联系您。在那之前先中断施工。我们清楚违约的代价。”

“这太可笑了！”伯恩德喊道，“您到底怎么了？”

伯恩德向主管提出如何更好地管理团队的建议后，争端发生了。主管威胁要中断合作关系。伯恩德几乎无法相信自己的耳朵。

这时，伯恩德看到了安妮发给自己的私信：“伯恩德，别再施压了。可能的话赶紧为自己插手其他公司事务而道歉。会后我们马上商量下一步动作。”

“主管先生，”伯恩德用冷静的声音说道，“如果我有任何地方让您感到不适，我请求您的原谅。我很高兴我们终于能加速施工进程，赶上进度。如今您想推迟一周，我深感遗憾。我期待着我们的下次会谈。假如有任何能让您尽快重新接受施工的办法，请一定告知我。”

“到时候我们会联系您。再见，伯恩德先生。”会议就此结束。

虽然车里寒冷，伯恩德的衬衫还是湿透了。“刚才我做错了什么？”他疑惑不解。“为什么艾德稳没有完成他的工作？那个工程师和协调员为什么不发声？”

伯恩德快速下车上了一下服务区的厕所。回到车里后，他拨通了安妮的手机。

“安妮，希望你对刚才发生的一切能有一个合理的解释。”

“伯恩德，我不知道你是否意识到，所有亚洲文化，尤其是特朗斯蒙塔尼亚都非常讲究等级。最高领导永远有最后发言权，且必须无所不管。如果想与我们合作，就必须严格遵循等级制度，明确谁该和谁说些什么。艾德稳和我可以和主任工程师以及工地协调者进行许多前期讨论，但是一旦涉及投资，就必须达成主管间的共识。你必须尊重等级制度，作为老板你只能和其他老板沟通。正是因为你去度假了，所以新合同的签署已经推迟了。这给大家留下了不太好的印象。在亚洲，度假可不像欧洲那么神圣。当然，真正的问题是你现在教主管怎样更好地管理他的团队。恐怕他把这当成了对其本人的批评。如果只有你们两个人，他也许不会做出现在的反应。但现在，这成了你在他的员工前公开批评他。他觉得很没面子。谈话中发生这种事，在亚洲是最糟糕的情况。”

“你是想说，因为我给了他一些建议，所以他现在恼羞成怒，想把一切置之不理一个星期？而且，他还要质疑我们的合作关系和订立的所有合同？”

安妮向伯恩德解释，为何他的沟通方式在亚洲人的视角看来是有损颜面的。许多欧洲人习惯放权的事，在亚洲就是老板的职责。

“是的，伯恩德，正是如此。我也认为他反应过度了。现在一个大型项目，甚至未来许多合作都岌岌可危。因此，我猜想他的怒气很快就会平息。我建议你后天和他约定一个私人电话会议。我很愿意帮助你草拟相应的电子邮件。”

“你知道的，我是德国人。比起时刻注意别人的心情，我更愿意实事求是。但是现在我们的项目陷入危机，因此我愿意接受你的建议。”

伯恩德开回高速公路，并陷入了沉思。为什么偏偏挑他本以为所有人都准备好最后冲刺的时刻出现了这样的问题？来自世界各地的人越多，跨文化误会的风险显然就越高。

安妮也觉得亚洲商人的反应有些夸张。同时她也表示理解。伯恩德发现自己迄今为止都低估了跨文化矛盾的风险。

“我得当心，”伯恩德自言自语道，“多样性显然是我必须掌控的风险因素。但是该怎么做呢？”他立刻想到了保罗。看来又到了打电话的时候了。这个男人总能化险为夷。伯恩德和保罗约定第二天晚上通空传电话。

空传开启时，伯恩德还在办公室。他拿着笔记本电脑在角落找了个舒适的位子。

“晚上好，伯恩德。你最近怎样？”保罗问候道。他的声音听起来一如既往地清爽安宁。

“怎么说呢，首先我的假期如梦如幻！也许你已经听说，我们正慢慢追赶上了进度。新型材料的测试全部成功。我本以为可以开始最后冲刺了。”

“就我所掌握的信息来看确实如此，伯恩德。”

“完美无缺。但现在麻烦来了。前天我和建筑公司的负责人通了电话并因此惹怒了他。”

“怎么回事？”

伯恩德解释说，他本想给那位亚洲人一些建议，后者却把它们理解为人身攻击，完全反应过度了。他的下属安妮和艾德稳却只是坐在那里一言不发。

“亚洲就是这样的，伯恩德。你必须尊重那里的权威统治，绝不能公开批评别人，更不要说是在下属面前。这有损他的威信。”

“是，是，安妮也是这么解释的。问题是我们现在能做什么。安妮建议我再给他打个电话，她可以帮我发通知邮件。”

安妮帮助伯恩德平复了怒气。后者首先向保罗寻求意见。导师建议举办一次跨文化座谈会以便大家更好地了解彼此。

“这是个好办法。安妮一定知道怎样使用正确的措辞。至于你们团队，我建议举行一次跨文化座谈会，以免今后再发生这种情况。你们要熟悉项目进行中涉及的所有文化，学习最重要的行为准则。你可以像个人生命曲线那次一样进行讨论，问问大家对自己文化的自豪之处。你们可以通过视频会议进行讨论，不要害怕花钱。想办法让所有人都展示自己文化的独特之处——展示照片、播放视频或唱一首歌曲。”

## 多样性既是挑战也是机遇

越来越多的团队显现出巨大的文化和其他各种个人差异。挑战之余，这亦是机遇。差异应当得到展现！

我们如今所处的时代中，超过60%的商业团队分布在一个以上的时区。团队成员们往往来自于不同国家和不同文化。这既是挑战，同时也是机遇。多文化团队对我们生活的星球的未来意义重大。对此我深信不疑。近年来，因为公司与团队中人与人之间的差别诞生了一个关键词——“多样性”。多样性包含着各种方面，如性别、年龄或文化背景。国际远程团队天生具备多样性，尤其是文化多样性。一方面，作为财富的不同文化经验与价值开拓了不同的视野；另一方面，文化差异也带来风险，毕竟跨文化矛盾既可能浮出水面，也可能暗流涌动。我想在这一章节说说怎样理解并利用远程团队的多样性。如果您想要利用多样性，首先要鼓励不同，给予它们空间。这是基本原则。团队应当允许存在并展现文化或其他各种差异。下面让我们进一步了解一下多样性的重要特征及其优点。

首先是性别差异。这里说的是女性在商业贸易中的潜力。作为经理，我的成功秘诀之一就是显著提升团队中女性的比例。在一些尤以信息技术为主的团队中，最开始的女性比例是零，但是两年内就变成了50%甚至更多。我唯一失败的尝试便是试图在家中增加男性成员的比例——虽然我真的竭尽全力，但还是生了清一色五个女孩。现在还是说回远程团队。团队中健康的男女比例保证了和谐的讨论，并为更好地理解客户及公司股东的需求起到了很大的帮助作用。此外，每个团队中都存在一些通常女性更能胜任的角色。如在承担多任务的能力、遵守规则及同理性方面女性往往更胜一筹。即使鲜有机会面对面交流，女性往往仍能迅速识别问题。她们能感受到团队中某人感到被不公对待，并自发地提供解决方案。反之，通常情况下男性更有冒险精神，因此也往往更具备创业者的灵魂。重要的是，必须认识到这无关好坏，而是应当正确融合团队中男性与女性的性格特征。据我的经验来看，这种融合往往能带来更好的业绩。

远程团队中的年龄差异是潜在的巨大机会。依赖技术的数字原生代以及经验丰富的X世代再加上更为年长的成员相互间能完美互补。相互指导是建立关系、推动个人发展的有效方法。如年轻人可以教年长者如何最好地使用网络、程序以及在线工具。反之，他们也能从长者这儿学到许多战略及风险管理的经验。

毫无疑问，远程团队中最为重要的差异形式是文化多样性。在远程团队中，超过50%的团队成员来自不同文化是司空见惯的情况。怎样跨越并积极利用文化差异取得最大化绩效是远程团队所要解决的一个重要问题。

## 通过理解构建跨文化桥梁

跨文化座谈会可以帮助远程多文化团队发现并欣赏其多样性。请您让人们介绍他们对自己文化尤其自豪的地方。

对于团队中的跨文化管理，我有一幅相当简单的画面：我将其比作烹饪。为了把各种食材做成一道美味佳肴，您需要食谱、灶台以及可以用于均匀搅拌的炊具。其中食谱便是对团队中不同文化的理解，此外还有人们想要共同创造的东西，即食材和准备。灶台是炽热的、充满吸引力的奖赏以及定期的状态更新。搅拌则是习俗以及有序沟通。想要烹饪，首先得知道想要做什么。远程团队中，人们必须明确目标。下一步的要点便是每位文化背景迥异的团队成员彼此熟识。在第一章中，您已经了解了职业与生命曲线的操练。想要更好地了解不同文化，您也可以做类似的练习。

在跨文化座谈会上，团队成员们可以展示各自的文化。请您让所有国家的代表简单介绍一下国家历史、传统习俗及最核心的价值观。除此之外，可以进行一些更为生动的展示，如唱歌、分享一些风土人情或文化活动的照片，或介绍祖国最令人自豪的方面。音乐和视频的效果尤为突出。最好不仅仅介绍每个国家的成就，还同时涉及一些独特或有趣的风俗习惯。跨文化研讨会总是趣味横生。

## 介绍各自国家的实例

### ■ 肯尼亚

在肯尼亚和乌干达，为了保证新娘一家的生活，新郎必须将奶牛作为货币支付给未来的新娘。这不只是在婚礼前，而是伴随其一生。其传统是新郎与新娘父亲为日后的生活协商一份“合约”。

■ 马来西亚

一位波兰朋友被派往马来西亚，他的任务是管理一支为全球办事处提供信息技术服务的团队。马来西亚社会由三大民族构成：马来人、华人和印度人。怀着典型的波兰式热情，我的朋友在最开始的一周走进各个办公室，并请大家品尝他用瑞士产小刀亲自切成块的小香肠。令这位波兰人大感惊讶的是，绝大多数人都礼貌地说：“不用了，谢谢。”之后，一位成员鼓起勇气向他解释了原因。绝大多数马来人是穆斯林，他们不吃猪肉，当地华人不吃任何用刀切过的东西，而印度人则害怕香肠里含有神圣母牛的肉，却不敢问。

■ 印度

印度人著名的耐心有时在项目期限来临时很成问题。印度人喜欢拖时间，而且几乎没办法催促他们。如果需要承担责任，印度人一般会说“好的”，这是因为他们很难直接拒绝别人。但事实很可能是，一个印度人说“好的，明天我会完成”，却拖了好几天。想要更好地彼此评价，只能慢慢培养信任感。

■ 保加利亚

有一些几乎全球通用的肢体语言在个别国家却别有用意。如在保加利亚，摇头代表同意，点头则代表否定。这和全球几乎所有国家都截然相反。

■ 哥伦比亚

哥伦比亚人很喜欢用鼻子示意他们所指之物，或想要讨论、解释的东西。也就是说，在其他国家人用食指的场合，他们习惯用鼻子。

今天，我可以讲述许多有关文化特殊性的故事。在讨论会上，它们总能让人开怀大笑。彼此交流差异是团队的根系所在，它帮助人们发现自己的独特之处。但是要小心的是，对一些国家和民族，往往存在许多偏见和刻板印象。请您保证成见不会左右人们的想法，保证团队成员们能真正对不同文化有所了解。这里的关键是尊重和平等，对于他国文化的好奇才能取代成见。

## 共同目标融合不同文化

若想团结团队中文化迥异的成员，一个共同目标必不可少。这一目标如磁铁般吸引着来自世界各地的人们。在当今的商业世界中，越来越多的人参与到同一项目中，分享共同目标。与此同时，在大公司的“格子间”像拼图零件一样工作的人则越来越少。年轻的数字原生代开放勇敢，能天衣无缝地融入跨文化团队。他们期待着明确的目标，希望能在工作中锻炼自我，并获得乐趣。对许多人来说，能为建设更好的世界献上一己之力，比传统的升职加薪更为重要。

**方法：**

请不要仅仅设置好高骛远的目标，而是与您的团队共同探讨工作的原因。请思考您的工作将如何改善人类的生活，又能如何回应这一时代的挑战。

跨文化主题应当成为例行议程。如，您可以在会议上保留一个团队成员们可以展示各自文化的环节。

让我们再回到将跨文化沟通比作烹饪的画面。当灶台上炖着一锅杂煮时，我们需要时不时搅拌一下。延伸到远程团队，这意味着要定期举行一些所有人都能展示自己文化特征的固定仪式。所有人应当获得等同在现场或电话电视会议上介绍自己文化的机会。我强烈建议，有意识地把文化这一主题放在议事日程上。请您在会议上保留一个允许不同文化相互展示的环节。每一民族可以任命一位发言人主讲各自文化，甚至可以演奏相应的音乐。事实证明，远程团队通过社交媒体交流跨文化主题也收效明显。如团队可以建立一个不公开的脸书小组，团员们上传各自文化主题的内容，如中国春节、穆斯林斋月、印度光明节等。

在远程团队中，语言不通也经常导致误解。如果选择英语作为工作语言，还得注意不同的语言习惯。如英语中“not too bad”的意思就是“还不错”，就像人们在德语中说“nicht schlecht”。但在一些非欧洲语言中，“双重否定”的含义则意味不明。因此，就会有团队成员摸不着头脑。有些文化中，人们有时虽然说“是”，实际却说的是“不是”。还有当英国人说“有意思”时，不一定表示他真的觉得有意思，也有可能他是想说“太可怕了”，只不过出于礼貌原因而说不出口。请您避免在多文化团队中使用双关语或微妙的影射。另外，视频会议时，请同时使用聊天功能以便进行额外的书面沟通。

在远程团队中，不同文化相互融合。为了共同目标，每个人带来了各自的优势和文化属性。

在我的烹饪画面中，滚烫的灶台是建立跨文化桥梁的第三个重要因素。想要跨越不同文化，就得想办法融合各种文化因子，也就是所谓的加热与搅拌。为此，您需要生产热量——对于特殊贡献的特殊奖励。虽然目标是磁铁，但成功还需要加入情感。您得保证员工们乐在其中，并最终能为自己取得的成绩感到自豪。最终所有人都应当有大英雄的感觉。为了让灶台始终保持热度，您应当反复强调团队如今正在实现目标的进程中。认可就好像烹饪时的调料。请不要忽视任何人，尊重独特性，给每个人明星般的待遇。请不要吝惜您的赞扬，无论是对贡献、能力或态度。

## 艾琳·迈耶的文化地图

当您管理多文化团队时，文化地图是值得一试的理论。艾琳·迈耶在其《文化地图》[12]一书中以线性表将不同国家与文化分为八个维度。这八个维度分别是：沟通、绩效评估、说服力、领导、决策、信任、批评和时间管理（参见图5）。

就我的经验而言，领导、决策和批评是远程团队的关键点。在之前的章节中，我已经多次提到过不同的领导方式。如在等级分明的文化中，在他人面前质疑领导是不可取的。另外，每一个关键步骤都必须取得领导的许可。反之，人们也期待领导对所有问题都做出明确答复。沟通也同样等级森严，也就是说，不同级别的成员不会直接对话，信息严格遵循命令链层层传递。

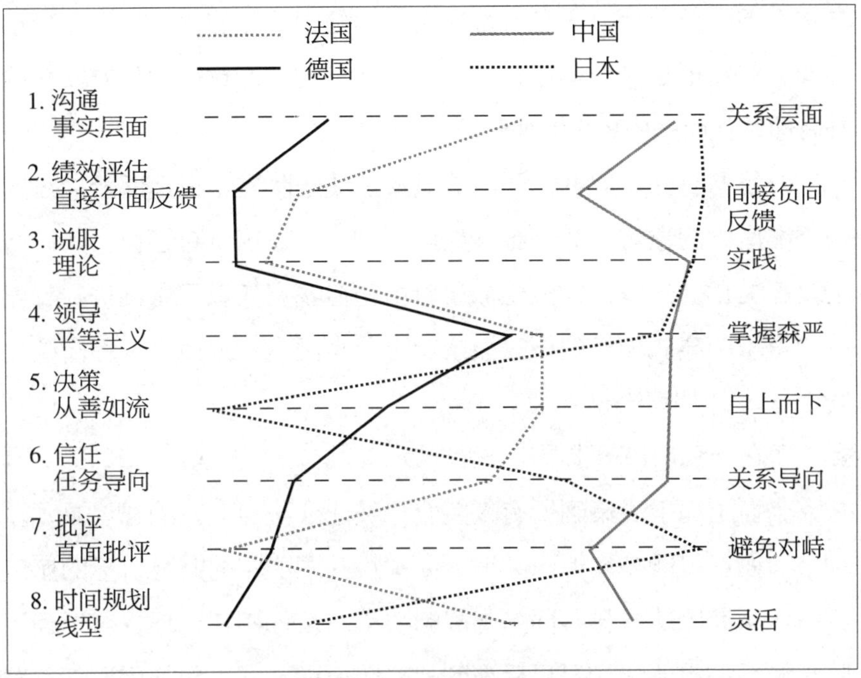


图 5　艾琳 · 迈耶文化地图的八个维度

正如您所知，我建议远程团队创建以自我责任为基础的平等主义的团队文化。所有团队成员应当能够在时间与预算框架下自主决策，自行解决问题。团队成员必须能够驳斥团队领导，反之，领导也应当认真对待他人的立场。只要客观需要，团队中所有人都可以互相交谈，无需在意等级。

如果您的远程团队中既有来自日本、韩国、印度、俄罗斯等具有等级文化的成员，同时又有极度崇尚平等的丹麦、瑞典、挪威或澳大利亚人，那么您应当首先在同步模式下创建一种共同的团队文化。我在前一章中也提到过这一点。团队文化最好基于对团队成员文化来源的尊重上。所有人都应当了解他国文化的优、缺点。介绍不同文化特征是最佳渠道，只有这样成员们才能意识到他方文化的独特性，从而产生真正的理解。

远程团队的关键点在于领导、决策和批评。就这些主题，每支多文化团队需要创建自己的团队文化。

一旦拥有这一理解，团队成员就能就团队文化在迈耶所描述的八个维度中的位置达成一致。如您所知，我建议所有远程团队倾向于平等文化。远程合作天生需要自由与自我责任意识做保证。想要跨越重重距离施加权威、等级或命令非常困难。因此，远程团队的既定方向实则早已注定。

现在让我们进一步看看决策（Deciding）这个主题。迈耶的刻度从完全自上而下决策到所有人完全一致达成决定。我的建议是，在项目初期尽可能多地追求共识，如举行共同决定战略及目标的座谈会。让所有团队成员共同参与战略决策与目标制定过程，对远程团队来说至关重要。如果日后遇到战略转换或共同工作的重要部分发生疑问，也应当同样共同决策。只有遇到没有明确的多数方时，团队领导才应当使用权限自上而下做出决定。这样做清晰明了，可以让团队重回轨道。团队领导做决定时，应当从善如流，接受反馈，并在日后的项目进程中始终保留修改决策的可能性。这在计划未能如愿执行时尤为重要。

在项目初期，您应当尽可能多地追求共识，如召开共同制定战略的讨论会。只有当局势不明朗时，团队领导才应自上而下做出决策。

针对团队中表达批评的方式方法，迈耶的刻度也体现了两种极端：最大化正面批评——或团队成员避免任何形式的对峙。一旦来自不同文化的团队成员倾向于两者中的任意一种，问题很快应运而生。在讨论矛盾问题或个人贡献及决定的会议上，这一问题尤其突出。我建议远程团队尽可能直面批评，以便尽快做出决策。然而对于来自日本、中国或沙特阿拉伯的成员来说，这种方式令人难以忍受。所幸有一些既可避免正面冲突，又能进行讨论的小窍门。如您可以在讨论开始前就明确说明此处只是就事论事，绝非针对个人。相当棘手的问题是，在有些文化中，这两点密不可分。如，如果您批评一位日本人或中国人的观点，他们就会感到被攻击。请您试着让他们理解，这两点是可以彼此分离的——这在欧洲很平常。

作为团队领导，您应当避免会议上出现针锋相对的情形。请提醒大家始终保持客观态度，或者您可以请大家首先递交书面意见。

另一个窍门是，在会议上避免不同观点的直接碰撞。您只需要求团队成员们事先以书面形式递交自己的观点，这样所有人都有足够时间研究意见，准备讨论。对于那些自我文化中难以接受批评的人，您甚至可以允许成员们匿名发表意见。另外，身为领导，请您务必避免以自己的观点开始讨论。请您先问问其他人的意见，否则以那些来自等级文化的成员为首，许多人会附和您的观点。

## 小心自我隔离的团队文化

正如我之前所写，随着时间推移，团队中会慢慢产生一种覆盖文化差异的团队文化。当然仍需注意团队文化不应过于强烈，甚至与企业文化背道而驰。有一次我带领由某一大型企业的20位项目经理所组成的团队时，恰恰发生了这样的情况。我们拥有完美的核心数据——尽管如此，我的老板还是把我叫去办公室，斥责我建立了一个国中国。他发现我的团队与公司其他员工界线分明，并要求我们立刻整改。我们的业绩再出色也于事无补。这给我上了重要的一课。

**团队快报**

何不发行一份全公司都可以订阅的团队快报？这样外部人员也可以跟进项目，更好地了解您的团队成员，学习文化差异并逐渐理解您独特的团队文化。

为了避免公司其余员工对团队成员采取拒绝态度，可以定期与包括上司、人事部等利益相关方进行沟通。无论如何，必须尊重企业文化。请您与外界保持沟通，分享您对团队的打算或您在团队中采取某些特定文化路线的原因。此外，您应当欢迎公司其他成员的反馈并随时准备修正您的路线。任命一位对外展示团队，并能定期与公司其他部门沟通的使者不失为一个好主意。理想状态下，使者可以参加公司各项活动，并借此机会介绍团队进展。反之，您也可以时不时邀请相关方参加您的项目会议。这样就能避免他人产生您自建围栏、隔离大众的印象。

## 采访西马尔·奥斯马诺维克

西马尔·奥斯马诺维克出生于1958年，是位于施韦因富特的微笑2（Smile2）有限责任公司的创始人兼经营者。微笑2公司为想要持续发展的人们建立了一座平台，如今已是德语区B2B领域专业在线课程数一数二的市场引领者。大学毕业后，西马尔·奥斯马诺维克管理一家成功的信息技术服务公司长达11年。自1994年起，他同时以咨询师及企业家导师的身份陪伴过数量众多的信息技术公司。1999

年，他将公司出售。至2008年末，他与商业合伙人鲁迪格尔·西维尔斯一起将iTeam－Systemhausgruppe发展成为拥有总计超过330个分部、9000名员工的信息技术行业规模最大的企业。2008年与2009年相交之际，他越来越专注于如何培训、发展和启发员工这一核心命题。为了实现这一目标，西马尔·奥斯马诺维克成立了微笑2公司。他已经成家，是两个孩子的父亲。

■ 您是谁？您在做些什么？首先请您描述一下自己！

青少年时期我是个职业音乐人。身为半个土耳其人，我的血液中流动着东方的热情。大学时我的专业是数学，后来转为信息技术学，因此我不仅情感充沛，也是一个逻辑缜密的信息技术从业者。我一生中的所有重要决定都是基于价值导向所做出的。我职业生涯的最大价值便是培养人才、有所作为、拥有权力、创造可持续价值并且享受工作的乐趣。正因如此，我很早选择了创业，并一直持续至今。

目前我所管理的微笑2公司是一家直播涵盖所有非专业主题的专业在线讨论会的市场龙头公司，其内容包括市场学、网络市场学、沟通及修辞学、时间及自我管理，以及管理与销售等。我个人则是成功目标学专家。也就是说，我帮助人们为自己找到能保证长期成功与生活质量的正确目标，同时我也很乐意在其实施期间提供支持。

除了公开讨论课，我也为企业主或管理者提供一对一的周末教学。我把它称为“清醒企业主的头脑”。

■ 远程团队合作最重要的技术有哪些？

为了您能更准确地理解我的回答，我想先简单总结一下在我看来公司中最重要的到底是什么。首先，公司是否有明确的精神？是否所有参与者都了解“我们是谁”这一问题的答案？其次，有没有定义清晰的目标，是否为此设定了细致切实的战略？再次，在营销方面，是否有足够好的产品以及成功的商业模式？最后，除了沟通，沟通，还是沟通！

远程团队的沟通必须更为准确。此外，远程团队还应更为敏锐地避免误会。

在一家现代化企业中，无论是现场员工还是远程团队，都应当尽可能完美地完成所有上述任务。当然，远程团队会有一些特殊之处，尤其是在沟通方面。最开始的沟通必须更为明确，即客观无误，尽可能减少直接反问，同时又保证员工间情感的互动。此外，在远程团队中，我们还应当更为敏锐地避免矛盾。我能想到的典型例子是，不要试图通过电子邮件解决矛盾！虽然普通团队也会面临这一问题，但远程团队所面临的诱惑显然更大。最后，任何结果都要落实为明确的文件，这对远程团队尤为重要。

■ **根据企业规模大小，您分别推荐什么技术或应用?**

因为客户始终是现代企业的利益中心，所以必须确保大家广泛接受客户关系管理系统（CRM）。想要保证最大化的透明沟通以及所有决定的文件化，人们还需要一个同步数据库，如维基或特雷略等基于网络的项目管理软件。在我看来，比工具更为重要的是所有人都能持续统一地使用同一工具，建立完美的管理体系，确保所有相关信息能快速找到。做不到这一点，接受便无从谈起！

因为成员们很少见面，远程团队必须找到相应的补偿方式。在我看来，通过软件就可以很好地解决这一问题。

远程团队的成员彼此鲜少见面，因此自然要格外注意这方面的补偿。如今，这一问题可以通过空传或类似软件得到有效解决。如果有高质量的视频会议系统、清晰的摄像头、完全免干扰的声音传输以及屏幕共享，会议参与者就可以一同参加诸如思维导图之类主题的讨论。作为在线讨论会公司，我们现在比较喜欢使用Adobe Connet。

■ 您有哪些与远程团队合作的经验?

主要都是很好甚至非常棒的经历！首先，因为没有地域限制，所以我总能找到最好的人才。我总觉得比起那些每天去公司，有时甚至已经陷入按部就班生活的人来说，通过这种方式找来的员工工作意愿更强烈，思维也更活跃。另外，也可能是因为我无意识地采用不同方法管理外部员工，所以我更努力地保证沟通的清晰性。

■ 作为管理者与企业家，您尤为自豪的成绩有哪些?

所有三家由我创立并发展壮大的公司最终都成为了市场引领者。老实说，这并不一定总能量化，但我也不太在意，能成为“市场引领者之一”我便已心满意足。我并不执念于成为绝对的第一，相比之下，我更看中是否能做出一些宏伟的、持久的、意义重大的成就。

就在当下，我又一次确认了公司中明确的精神以及广为接受的哲学的重要性。一方面是因为我想热烈地感受它，另一方面也是出于理性考量。在亟待被征服的领域越发稀少的当今，拥有这样一种不可复制的独特特征才能够立足于市场。

在我所创立的三家公司中，有两家因为业绩斐然而被买家高额收购。对我来说，这实实在在、不容置疑地证明了我们多年来夜以继日倾力发展的一切都有回报。如今我所管理的第三家企业还亟待证明。但是我们正在高歌猛进。

最后，始终能有所创造也令我深感自豪。我希望创造一些比我的生命，乃至比我现在的公司更为长寿的价值。我现在所拥有的一切都是靠我自己获得的。在年轻时，我就靠做音乐攒够了第一桶金，并用它创立了我的第一家公司。也许这在当今社会听起来有些老土，却让我感到自豪。

**■ 人们总是害怕自己的员工在看不到的地方消极怠工，因此他们很容易变成微观管理者或是控制狂。您是怎样监管您的员工的？您如何保证所有人都尽其所能？**

我认为，这也得从为合适的岗位挑选合适的员工说起。您的员工应当热爱并想要接受眼前的任务。因此，定期会议在此时有着非常积极的影响。持续记录讨论结果，确立明确的目标节点与任务，让所有人都对重点一目了然。此外，我要尤其强调——我十分重视事实与参与者。我相信，当所有员工都能真正展现能力、承担职责时，监管这一问题便会得到最大化的削弱。但还是那句话，您得找到合适的员工。

一旦拥有合适的员工，那么内在态度便至关重要。总的来说，我完全不在意外部员工每天工作几小时。我认为我们所生活的社会的核心价值并非绩效，而是影响。我的座右铭是：我们不缺少努力，我们缺少的是结果！您看，到最后问题又回到是否所有人都始终清楚工作的原因。理想状态下，每个人都应为他的目标、对他人和自己的认可而努力。这时，也就不再需要那么多监管了。

老实说，定期会议也包含一定的监管功能。但是我不建议这么做，相信我的员工们也这么想。

**■ 您如何确定远程团队中的员工确实全力以赴？如何确定作为整体的团队优于每个部分的总和？**

问题第一部分的答案我在回答上一个问题时已经给出。只有通过沟通，团队共同获取的成果才可能多于单个能力的综合。只有员工们相互启发，给予对方独自一人时无法获得的灵感，才能产生一种类似创造力爆炸的神奇现象。在远程团队中，直接沟通仍是且将来也是产生合力的关键所在，由顶尖专家组成的团队将强于单个成员的总和。

**■ 您如何看待远程团队乃至无国界团队的未来？**

未来，远程团队将会变得稀疏平常。有了远程团队，缺乏优秀专业人员的问题将大大简化。日益复杂的世界需要每一领域越来越多的专家，持续的变化更是要求企业拥有最大程度的应变能力，这一切都使得如今在同一地点招募数百名固定员工的模式渐渐成为过去。

第十一章

# 项目扫尾阶段时的特别激励及其措施

冬天来临前必须建成特朗斯蒙塔尼亚的房屋。伯恩德仍不确定是否能成功。然而他的团队已经准备好最后冲刺。

伯恩德开始出汗。健身房蒸汗室的温度计显示为90摄氏度。在一轮激烈的器械运动和跑步机上进行两公里的慢跑后，他享受着这一放松的片刻。他躺在自己的毛巾上，双眼闭合，感受自己的身体慢慢变热。这令他不由地想到特朗斯蒙塔尼亚的冬天，想到那些严寒中本该待在温暖干燥的室内的人们。在安妮通过电子邮件寄来的工地最新进展照片中，能看到地平线上的山峰已经白雪皑皑。雪白背景中尚未完工的建筑令伯恩德心神不宁。冬天越来越近，他们必须得抓紧了。幸运的是，与亚洲建筑公司老板的矛盾已经解决，现在一切仍按计划进行。然而时间紧迫，12月中旬必须完工，否则冬天将打乱他们的计划。在一些照片上能看到女人还有孩子帮助工人们运送预制零件，甚至只是一桶水的情形。另一些照片上的村民们站在工地周围呆呆地看着。这时突然响起巨大的“嘶嘶”声——有人按下了花洒按钮。伯恩德睁开双眼。特朗斯蒙塔尼亚的画面消失了，他的思绪又全部回到了习以为常的汉堡的健身房。

第二天早上，伯恩德安排了与扩展团队的视频会议。他们将共同探讨完整的项目进展以及所有团队成员目标的最新完成状态。

伯恩德十分期待这次会议。他知道核心团队的成员们正为实现目标而砥砺前行，扩展团队中像艾德稳或慕客的其他教授们也都干劲十足，独立解决着许多问题。最重要的供应商如今也已熟悉所有流程，并随时跟进项目进展。一切都朝着正确的方向前进。若不是那即将到来的冬天，伯恩德本应感到遂心如意！

第二天，伯恩德决定在家办公。过去的几个月他也有所改变，如今伯恩德甚至也越来越频繁地通过电话及视频会议处理他的德国项目。他的供货商及合作伙伴已习惯了空传和网讯。当然，仍会举行面对面的会议，但比起过去更为深入，以便日后通过网络进行下一步的工作。在此期间，伯恩德有着重大发现：自从他开始对德国员工和合作伙伴的生平和性格产生兴趣后，他们回复邮件的速度快了许多，对他也更加信赖。这就像一个向上攀升的螺旋。伯恩德越了解对方，摩擦就越少，带来乐趣与留给个人的时间也越多。有了这些共同的积极经历，人们彼此也越发熟悉。

随着项目的进行，伯恩德改变了自己的工作方式。他越来越多地在家办公，即使在国内也喜欢使用视频会议。他对合作伙伴们表现出的兴趣令大伙儿受宠若惊。

如今，伯恩德越来越喜欢在家里完成拥有战略意义或富于创新的工作。他享受家中的舒适，也为节约了堵在路上的额外时间而由衷高兴。绝大多数在家工作的日子里，他都会主动请缨负责晚餐。今天也是如此。维贝克中午会进城采购新鲜食物。他期盼着两人的共同晚餐。

11点整，伯恩德启动网讯。所有外部团队成员都已登录，一些人说“你好”，另一些则在聊天栏里写下问候并添上微笑的表情。

“我们现在已经到了项目收官阶段，”伯恩德开始说道，“很快我们就能举行第一批房屋的封顶仪式并开始内部装修。此刻，我想先对安妮、艾德稳、克劳德、皮拉和她的团队，以及所有供应商及纽约的教授们表达我衷心的感谢。大家万众一心，加速了建筑进度。

当然我也要感谢你们，是你们恢复了我们与当地最大的建筑公司的良好关系。甚至可以说，我们的关系更好、更坚固了。现在我们必须齐心协力进行最后冲刺。现在是11月初，距离项目截止只剩6个星期了。”

**克劳德得知有一个奖项。为了能参加角逐，团队还得再提前两周完工。挑战巨大。**

“大家好——伯恩德，抱歉我得打断你一下，”克劳德要求发言，“你们听说了吗，12月20日全球建筑峰会将在斯德哥尔摩举行？大会有两大奖项，一项是创新建筑奖，另一项是社会责任奖。参赛作品提交截止日期是11月30日。你们知道最有意思的是什么吗？大会期间，所有提名者都将通过大屏幕参会——当然是在他们的施工地点现场直播。我在网页上看到了巴西、墨西哥和菲律宾的项目。有些和我们十分相似，但是它们都是商业项目，与救人于危难并无关系。你们说，我们是不是也该参赛？”

“为什么不呢？”伯恩德说道，“克劳德，你是知道我的，我喜欢赢。如果这次是承担了最大社会职责的人获胜就更好了。”

“但是有一个问题，”克劳德解释道，“项目必须在截止日期前完成。这一点很重要，只有这样评审团才能了解项目的准确预算、时间及影响范围。他们也很重视建筑工人们的一手反馈及住户们的房屋是否符合社会需要。也就是说，想要参加比赛，我们就得加快速度，比预期再早两周完工。”

“那简直是奇迹。”伯恩德低声叹道，“安妮、艾德稳、琳达、皮拉，你们觉得呢？”

大家一致认为应当额外激励建筑工人和当地居民。

“12月20日正好是我们的一个宗教节日，”安妮用她平静的声音说道，“也许可以利用这个契机对民众说，如果大家努力帮忙，使得项目能在11月30日前完成，那么你们就可以安心地布置自己的新家，在12月20日与家人一同在新家中欢度节日。我相信工人们一定愿意为了这一目标加班加点。”

为了加速完成项目，团队决定更好地利用当地居民的帮助。家人们应当在新家中庆祝即将到来的重要节日。

“安妮，在你的照片上我看到许多在工地帮忙的民众。”伯恩德插话道，“看来特朗斯蒙塔尼亚的人民有着强烈的归属感。我们是否能更好地组织利用一下大家的奉献精神？如，我们可以招募一些志愿者义务完成一定量的工时。工人们帮助志愿者尽快适应工作，并给予他们明确指示。我并不是想用典型的德国式方法过度管理，但是如果能有一个规范的框架，那些帮手们将做出很大贡献。”

“我来联系市长和宗教首领。”安妮回应道，“我们的民众将怀着巨大的热忱投身于建设，这一点毋庸置疑。但我们还需要当地权威人士的支持。另外，我怀疑单凭建筑工人还不足以带领人们适应工作，也许我们需要一些具备专业知识的培训师与组织者。”

“我们的慕课里有来自特朗斯蒙塔尼亚的学生！”艾德稳喊道，“我估计有25名左右。让我来联系他们吧，我看看能否动员他们。不仅能参与建设计划的构思，还能为具体执行尽自己的一份力，如果我是他们，一定激动万分。”

“好主意，艾德稳！”伯恩德说道，“一方面我们需要精通新型房屋和特殊建筑方式的专家，也就是说他们熟悉我们的建筑计划。另一方面我们需要能与特朗斯蒙塔尼亚普通百姓进行语言沟通的人。这些大学生们是理想人选！”

艾德稳想借助当地慕课学生的帮助招募志愿者。同时，斯黛拉提出了一种全新的、鼓舞人心的状态汇报模式。

“艾德稳，在这关键时期你能到现场吗？”安妮小心地问道，“我知道你也经常待在中国。虽然特朗斯蒙塔尼亚并非近在咫尺，但是如果你能来的话就太棒了。”

“不管怎样，我会一直待到我们找到足够多的志愿者，并同大学生们进行讨论会之后。也许我们应该首先制定一个计划，考虑下怎样才能最好地绑定志愿者，怎样培训他们，而我们又该如何分配角色，由谁来掌管全局。一旦团队集结完成，所有角色都明确无疑，我想回中国一周，但是我会在那里继续与项目保持密切联系。”

“非常感谢。”安妮用她惯常的冷静且克制的方式简短地说，“等你一到这里，我们就可以开始探讨细节问题。”

“嘿，我有一个主意！”这时斯黛拉说话了，“至今我们都循规蹈矩地进行进展汇报——柱状图、饼状图，还有解释文字。为什么不进一步推动视觉化项目进展呢？现在流行着全新的趋势。可以在幻灯片上用图片描绘项目状态，让所有人对我们的位置一目了然。如，可以画一棵挂满果实的树，然后用不同颜色标记出我们所施工的特朗斯蒙塔尼亚的所有地区。果实的大小表示每个地区房屋完成的比例。我之前的一个项目就是用这种视觉化方式汇报的。这样做效果显著。好几个星期大家还反复查看这张幻灯片。能看到自己的项目进展如此顺利的感觉太棒了。所有人都干劲十足。如果你们同意，我可以来设计这样的幻灯片。”

“我喜欢你的想法，”琳达说道，“如果你愿意，接下去的两天内我再发给你一些建议。”

斯黛拉表示同意。此时伯恩德心潮澎湃。他为自己的团队骄傲，同时他几乎从未在一个项目中感觉如此知足。他深知团队在上周表现卓绝，所有人严阵以待，战胜了所有挑战。他自己倒是没做什么贡献。不过无所谓，因为他已经授权所有人全力前行。

“让我们继续吧，”伯恩德说道，“我们是一支伟大的团队，我坚信一定能在11月底前完工。如果我们能获得斯德哥尔摩两个大奖中的任何一个——哪怕只是上了提名名单，对我们所有人都是顶级资历，将来也许会带来许多订单。此外，如果我们提前3周完成，也许预算还会略有结余，我们可以用这笔钱让所有人都飞到特朗斯蒙塔尼亚，在12月20日与他们共同庆祝节日。在克服了所有问题之后，如今我们又面临着一项艰巨挑战——提前两周完工。但是，凭借大家至今所展现的激情以及当地居民对于节日与家园的热忱，我坚信我们一定能成功！”

## 比金钱和奖金更为有效的奖赏

激励团队取得顶尖佳绩的特别奖励必须别出心裁，最好是所有人都觉得独一无二的体验！

我在本书中反复强调认可及切实可行的奖励系统对于远程团队的重要性，每位团队成员都需要真心诚恳的认可。缺乏认可是员工离开团队的主要原因。在这里我想说的并非普遍的认可，而是对于杰出成绩的特别奖励。这一类特殊奖励绝不能仅限于金钱或者如股权等其他常见奖赏，而应当是整支团队高昂的情感体验。那必须是令每位团队成员都热血沸腾的大事件。正因为远程团队的成员彼此知之甚少，共同活动才成为广受好评的绝佳奖励。

**反省问题：**

哪些特别活动会令全体成员心情激动？大家都想去什么不同寻常的地方共同庆祝成功？

理想状态下，举办旅行等活动，最好和您的部门或项目的特征有些关联。如，来自汽车工业的某支团队可以在成功结项后前去观看摩纳哥的一级方程式大奖赛，而共游好莱坞也许会令广告从业人员心花怒放。您大可尽情想象。长期分离工作的人必然期待着共同的经历，若是工作中成员们通过网络交流产生了强烈的情感则更是如此。有什么比共同庆祝非凡成就更为美好的事？但是请您注意，特殊奖励只能授予真正杰出的成绩，并且最好出人意料。只有这样才能真正鼓舞人心，激励大家突破自我。下面请允许我来说一个亲身经历。

**拼命工作、放肆玩——我的成功故事**

2006到2007年间，我在一家国际巨头企业担任项目经理。我们的项目是一套全球业务的一部分，我则负责其在欧洲的具体实施。项目的目标是将20家欧洲地方企业的信息技术服务管理转化为公司新创立的全球服务管理。项目涉及三个领域：第一是人员，我们要创造一套全新的组织架构；第二是权利，需要订立全新的服务合同；第三是管理，因为未来的信息技术服务势必横跨全球。2006年初，我只有两名全职员工，其中一位是叫克拉拉的德国人，她会五门外语，而且极度自律。另外还有一位在莫斯科办公的乌兹别克人，我们管他叫贾米施德。他是一个高大魁梧、充满活力的男人，拥有超乎寻常的自信。另外还有5名国际专家为我们提供支持，分别是一名人事专员，两名法律和税务专家以及两名信息技术项目中常见的所谓的设计达人。除此之外，还有分布在全欧洲的20名兼职信息技术服务经理。这是我的第一个大型国际项目，因此，我急切地想要证明自己。我感觉自己对全局成功负有重大责任。

在最初的3个月，一切运行完美，我也全身心投入。我去了许多国家，在那里结识了不少了不起的人物。但紧接着远程团队会议突然变得难以推进，团队成员们似乎不再那么卖力。如今我知道原因何在：我在视频会议室里表现得像个教授。因为我觉得自己什么都懂，所以总愿意指示他们做事。有时我甚至觉得自己有些嫉妒大家的专业知识，如在法律和税务方面，我远不如相应专家懂得多。我发现想要激励我的团队，促使他们取得顶尖成绩越来越难。有一天我看着镜中的自己，不禁问道："你现在到底在做什么？你本应是推动大家前进的动力，如今却成了刹车制动器，这样下去最终一定会慢慢燃尽熄火。还有其他办法领导这支团队吗？"

这时乌兹别克人贾米施德选择退出项目。他想去别处寻求职业发展。皮拉取代了他，那是一位一头蓬发、嗓音沙哑的西班牙人。她犹如一阵清风，让情况开始有了积极的转变。当2007年2月项目步入正轨时，又来了两位全职员工，因此我们的核心团队现在变成了5人。我们一起组织了我在本书伊始便描写过的自我展示座谈会，我们浏览"生命曲线"，发现他人的巨大优势。当我清楚地意识到我的手下是多么出众、他们的经验是多么丰富、在他们迄今为止的人生中又战胜了多么巨大的挑战时，我几乎目瞪口呆。我觉得能与这些人共事是我得到的一个巨大礼物。

最后，我总算挽回自尊。整支团队又再度专注于项目。我们目标明确——但时间是个问题：如果还像至今为止这么工作，我们不可能按时完成。此外，我们还面临来自不同大洲针对同一全球项目的竞争。难道我们欧洲人会成为唯一失败的团队吗？可怕的想象！2007年5月初，我们终于取得了可观成果，于是我向集团的监察委员会，即所谓的项目董事会提出了一个大胆的建议：如果我们能比预期提前3个月完成，那么包括扩展团队在内的所有30名成员将一共前往特内里费岛度假两天。这次旅行由项目自负盈亏。我计算了一下，项目每年的人员成本大约为100万欧元，这至少是我基于全职员工的薪资做出的估算。那些兼职为项目工作的人员并未计算在内。如果我们能提前完成整个项目，公司可以相应节省25万欧元的人力成本。我们想支取总额的五分之一，即5万欧元用于旅费。

令我喜出望外的是，董事会同意了我的计划，给5万欧元开了绿灯。当我把好消息带给团员时，气氛瞬间就变了。这里要说明一下，我们还有白俄罗斯和乌兹别克斯坦的员工，他们自己几乎无法承担这样的旅行。我说："好了，各位，如果你们想去特内里费岛，就得全力以赴。每个国家都要做出贡献，准时完工。"此时，我们还引入了每周一次的可视化状态汇报。在幻灯片上，人们能看到一座岛屿和20个降落伞。每完成一个里程，降落伞就更接近岛屿。每一周，甚至每一天紧张感都在提升。一方面，各个国家间竞争激烈——谁的降落伞更快落地？另一方面，我们可以共同实现目标，如果所有降落伞及时降落，我们就飞往特内里费。事实是，2007年12月30日，即最后期限前一天，来自乌兹别克斯坦的降落伞最后降落在小岛上。但重要的是我们准时完工了，且内部客户回馈优异。最终我们为公司节约了20万欧元。其实是25万，不过我们如约拿走了其中的5万，飞往特内里费度假两天。在那里我们举行了一生难忘的派对。

## 奖励必须直抵人心——请您尽早公布奖励

在远程团队中，人们需要更长时间真正理解奖励的价值。因此，请您尽早公布奖励，至少在项目截止半年前。

现在，您知道了我最自豪的成功故事。这个故事有什么意义呢？我想有两方面。首先，承诺奖励时应当大胆慷慨。那些大家不以为然的奖励很难成为额外动力。慷慨一些不是问题。如某个大型项目能明显提前完工，除去出国旅游的费用还能剩下不少钱。第二，尽早公布奖励。就我的经验而言，至少在项目预期截止日期前半年。对于远程团队来说，需要的时间更要提前很多。毕竟大家鲜少见面，因此得花更多时间交流才能真正理解得到奖励、共同庆祝成功的意义。

还有一点，如何更为紧张、生动地将项目进程视觉化，这值得做一些思量。惯常使用的附有数字和文字说明的幻灯片不足以激励员工。伯恩德的团队决定使用果树这一形象。在我的首次国际项目中用的是降落在小岛上的跳伞员。请尽情发挥想象吧！可视化展示乐趣无穷，能令所有人深有同感。

您还不清楚什么样的奖励能带来杰出成绩？那就先和您的团队来一次头脑风暴吧！你可以就此发现真正深入人心的共同活动。

请您注意，您的员工不能太过谦虚。要胸怀大志！如，您可以说说自己行业的一些国际顶尖案例，或推荐一些能遇到行业名人的地点。非比寻常的奖励结合创新有趣的汇报，可以大大促进人们取得杰出成绩和非凡成果。

**反省问题：**

· 您的团队有针对杰出贡献的奖励吗?

· 哪些共同参与的活动、旅游目的地或何种形式的认可，能促使您的团队超越自我，更进一步?

· 如何更有创意地可视化展现目标完成进度?

英国企业家理查德·布兰森善于用别出心裁的活动激励团队做出顶尖成绩，并因此在全球闻名。他会在自己位于加勒比海的私人岛屿内克岛接待维珍集团所有子公司的杰出员工。岛上的生活丰富多彩，有水上运动、派对、娱乐，更有惊喜。当然，这些活动也是修身养性的机会。真正的高潮是理查德·布兰森驾驶直升飞机亲自迎接他的员工。来自全球各大洲为维珍工作却从未谋面的人们能共同欢庆，这本身已足够特别。

## 有没有更价廉物美的选择？当然，只要您够有创意！

远程团队中，激励员工的奖励五花八门，不一而足。什么能让员工们感到自豪，什么能给大家带来乐趣，这是您需要考虑的问题。

即使员工们创造的利润足够支付费用，也很少有机构会批准30名员工共同前往像特内里费这样的度假岛屿的请求。那么，还能如何定期奖励优秀的个人业绩呢？在我的团队管理经验中，挑选“每月冠军”是一个好办法。每月大家能在网上提名一位贡献杰出的团队成员，最后进行表决。大家可以任意提名，且每人都有一次投票权。票数最多的员工当选“每月冠军”。有趣的是，这种认可并不只是网络虚拟呈现，还有一个摸得着、看得见的流动奖品。当然不是奖杯，而是一个美丽绝伦、身穿打着补丁的鲜艳西装的非洲娃娃。每次娃娃都会被邮寄到“当月冠军”手中，获得者就将它摆在写字台上。每当有人进屋问起这个有趣的娃娃，员工都可以自豪地讲述其前因后果。渐渐地，这个异域风情的娃娃成为了团队中竞相追逐的业绩象征。

在不同的公司与机构中，我经历了一系列不同的奖励。例如，我曾为一所开设类似伯恩德团队故事中建筑慕课的网上大学提供咨询。在一个慕课中，学生们为菲律宾设计了全新的校舍。教授们选出最佳设计，并在哈佛大学建筑设计系展出一周。一位来自斯里兰卡的大学生对自己的名字和设计能展示在全球最著名的学府之一而感到无比自豪。我经常鼓励经理们想一些认可员工特殊贡献的物质或非物质奖励。请您好好利用自己在公司的资源，发挥一下自己的人际关系，做出一些创举。其实，创举并不一定意味着代价昂贵。

再举一个例子。有一家针对青少年的德国非政府组织，它本没有大型庆祝的预算，但说服了一位赞助商将拜仁慕尼黑的德甲联赛球票赠送给年轻的志愿者们（几乎都是年轻男孩）作为奖励。这个建议当然是大家集思广益得出的，而且所有人最后都乐在其中。一家向全球救助项目推荐保加利亚年轻人，同时关心保加利亚民众福祉的非政府组织曾举办过一次横跨全球的“虚拟派对”。所有人通过一个隆重的视频会议参与其中，高潮便是大家各自为派对准备吃喝食物。即使成本低廉，但这样的派对很受青少年欢迎。年轻人尽兴庆祝，活动释放了他们的多余能量。

您可以举行一场“模拟派对”取代视频会议。“派对”有吃有喝，还有音乐，各地的团队成员都可参与其中。

最后，我想再强调的是，非凡奖励对于非凡成就意义重大。您必须保证全体成员都乐在其中。运动、舒适和派对的组合往往收效甚佳。最后还有一个小贴士：既然大家一起出游，何不在此添加一天战略研究？大家既欢聚一堂，同时又能订立下一个高瞻远瞩的目标。

12

第十二章

# 拥抱成功之后的建议

伯恩德感到四肢僵硬。从汉堡飞往特朗斯蒙塔尼亚的飞机将近18小时。晚上7点乘坐的飞机起飞，然后他在法兰克福转机，如今正在前往德里的途中。空客飞机将于第二天当地时间9点降落。几小时停留后，他还要搭乘一班印度航空的小型飞机飞行3小时左右才能到达最终目的地。特朗斯蒙塔尼亚没有自己的航空公司。伯恩德小声嘀咕着。航程一半都还没过去呢。在飞机上，他点了一杯红酒，看了一部汉莎航空空中频道的电影，接着便昏昏欲睡。不过，此时他太紧张了，难以入睡。空中的时间一点点流逝，他的思绪如旋转木马般飞转。

伯恩德带领如今的远程团队才10个月，却感觉像过了半生。他的脑海中不停出现新的画面。先是地震后的断壁残垣。他还能感受到那天清晨在床上看到平板电脑里的画面时的震惊。接着，他想起与安妮和克劳德的第一次空传视频会议，想起那时他们脸上的信任与激动。他看到了琳达、皮拉和斯黛拉，她们一个接一个地加入到项目团队中。他记起和保罗一同进行的座谈会——那真是一次突破。保罗教会了他作为管理者要授权员工承担职责，而不是一味施加压力。

他的脑海里很快地扫过扩展团队的那些新面孔、慕课的教授们、艾德稳和他的大学生、部长、差点儿被他气跑的当地建筑公司总经理，还有许许多多其他人。这是一个新世界，是一种与他所熟悉的安逸悠闲的汉堡截然不同的生活与工作方式。

10个月后，房屋建造完工了。伯恩德飞往特朗斯蒙塔尼亚验收并庆祝新住宅区的建成。在那里，他的团队通过视频参与了授奖仪式。

伯恩德知道，飞机降落后不久他便能第一次看到建成的房屋。“我几乎不敢相信，”他想着，并感到深深的敬畏，“这是我的第一次重大国际项目，而我却从未到过建筑现场。尽管如此，一切居然如此顺利。”在过去的几周里，当地居民经常每天在工地一待便是12甚至16小时。艾德稳和当地慕课学生以及一些志愿者们负责给他们下达指令。此时已经很冷了，天色总是阴沉沉的，帮手们几小时都只能在探照灯的光线下作业。但是，为了自己的家园能在即将来临的宗教节日前完工，这些人早已做好奉献一切的准备。

“我的团队成功了，”伯恩德想道，“这次的重点是团队，而不是我。”他喜欢这个想法，同时感到这让自己心头一热。连房屋的内部装潢也的的确确准时完成了。如此一来，他的团队便能及时将建筑计划以及项目周期作为竞赛材料递交给斯德哥尔摩。“我们，至少斩获一个大奖的几率很高，”克劳德在最近的一次会议上说道，“但是现在还没有最终决定。墨西哥人和巴西人的作品同样非常厉害。”

伯恩德的邻座都裹着毯子睡着了。为了更有效地工作，他在脑海中过了一遍第二天及其后的一些计划安排。

当地时间中午左右飞机降落，安妮和艾德稳会来低矮的混凝土小机场接他，他期待着再次见到两人。接着，三人乘坐安妮的现代SUV商务车前往特朗斯蒙塔尼亚以北200公里左右的一处新住宅区。

按计划，他们将与当地市长共进晚餐并在那里过夜，次日早晨回到特朗斯蒙塔尼亚。在剩余的逗留期间，伯恩德将住在政府的招待所里——那是一幢英国殖民时期的别墅，四周是一座巨大的公园。其他团队成员不是已经到了，就是次日白天陆续抵达。所有人都与当地居民建立了密切的情谊，他们将接受邀请住到居民家中。克劳德和斯黛拉住在两位慕课大学生位于首都圈的父母家。琳达和皮拉则住在安妮家中。特朗斯蒙塔尼亚的文化原本并非如此好客，然而团队精神早已超越了当地传统。一旦斯德哥尔摩的授奖仪式开始，保罗就会在开曼群岛上通过视频会议在线收看。

深陷于各种念头之中，同时又充满喜悦，伯恩德终于睡着了。

参观新住宅区时，伯恩德心潮澎湃。他能感受到当地居民的温情与感激。能在新家庆祝节日令他们心花怒放。

这是怎样的时刻！伯恩德、安妮和艾德稳站在一处新住宅区的中央，四周是他们的团队设计建造的坚固又抗震的楼房。天气刺骨寒冷，但万里无云，太阳能屋顶在阳光中闪烁。安妮和艾德稳在机场等候伯恩德。在狭小的商务包厢吃过饭后，他们按计划直接驶往第一批开放的新住宅区。伯恩德几乎不敢相信真的来到了这儿。他竭力感受着。在他的一生中，已经目睹了诸多顺利完成的项目，但是这次却有些不同。马路上挤满了人，男人、女人和许多孩子。他们穿着厚重鲜艳的羊毛衣服，把家具、锅碗瓢盆及其他装饰品搬进新家。透过一些窗户可以看到他们布置得正欢。

当他们3人穿过还未铺完沥青的马路时，许多人真诚地向安妮和艾德稳问好。安妮用当地语言向他们介绍伯恩德，接着人们就以传统方式纷纷向他鞠躬。一些长者甚至想在弯腰时触碰伯恩德的手。他虽然听不懂大家在说些什么，却每每都感到暖意与感谢的温馨浪潮。

“能亲眼看到您，大家都感到十分荣幸。”安妮解释道，“许多人说他们非常感谢在寒冬来临时，能有一个温暖的房间和坚实的屋顶。”她接着翻译，“他们很高兴明天能在家中庆祝佳节。”

接着他们走进一间房子。安妮已经事先通知了屋主。在衷心的问候以及一杯热茶过后，艾德稳便指着让伯恩德看添加了全新材料的地方。艾德稳非常自豪，但并未明显流露。他镇定自若地展示着太阳能设备，解释这些材料在遇到地震时的作用。

“整幢房子可以像一根芦苇秆般弯曲，”年轻的中国人讲解道，“遇到重大地震时，它会大力摇晃，但不会有任何部分坠落，而且窗玻璃也不会碎裂。”

整个下午，对于伯恩德来说仿佛美梦成真。傍晚时分，所有人都来到市长家中。房子有些拥挤，但布置得十分喜庆。到处都是人。在一片热忱期待中，仪式既非常正式又充满传统地进行着。市长首先发表了演讲，在讲话中他感谢了伯恩德及其团队所做出的完美组织，强调了与当地建筑工人的成功合作，还提到在过去几周许多当地居民的积极贡献。节日晚宴由数不胜数的美味菜肴组成。有那么一瞬，伯恩德甚至感到室内的巨大佛像在向自己眨眼。“一定是米酒喝多了。”他想着。

第二天一大早，伯恩德、安妮和艾德稳驱车回到特朗斯蒙塔尼亚。市长为他们送行，并祝愿他们的斯德哥尔摩竞赛好运，他坚信他们一定能夺得奖项。接着，他们在安妮家中见到了琳达和皮拉。两位女士三天前就到了。前天安妮已经带她们参观了新住宅。克劳德和斯黛拉正在房东的陪同下参观另一处新建小区，中午才回来。团队一起在特朗斯蒙塔尼亚最漂亮的一处餐厅共进午餐。所有人都享受着10个月以来历经高潮与低谷的远程合作后在此相聚的时光。大家都感到亲如手足，席间谈笑不断。同时，大家也积极讨论着在项目中学到的对于未来亦大有帮助的经验与知识。

通往斯德哥尔摩的视频信号预计17点开通，那是欧洲时间的上午。4点半左右，所有人都来到了政府会议中心的会议室。安妮和她的同事们已将一切准备就绪。房间中央挂着一幅巨大的视屏投影幕布，三台网络摄像机分别安装在三个不同的新住宅区，可以从那里传输回现场画面。

会议室座无虚席。政府高级官员悉数到场，还有安妮的所有同事，包括主任工程师和现场协调员在内的建筑公司代表、扩展团队成员及来自特朗斯蒙塔尼亚的全部慕课学生。伯恩德现在进一步理解了项目进展何以如此顺利。他看到了那些在重要关口劳作却从不为他所知的人们。这一切仿若一个小小的奇迹。

当整支团队聚在一起时，亲近感显而易见。17点开始视频连线授奖仪式。克劳德现场介绍项目。

快到17点了，所有人都紧张地盯着呈现斯德哥尔摩颁奖仪式现场画面的大屏幕。会场座无虚席，有各式各样的摄像机和同声传译工作的小隔间——这是一场真正的大型国际盛会。17点整开始现场连线。斯德哥尔摩那儿，先是出现了特朗斯蒙塔尼亚的会议室，接着是新住宅区摄像头传回的现场画面，能看见房屋和许多进进出出做着准备的人们。主持人把话筒交给特朗斯蒙塔尼亚的相关人士，请他们介绍一下项目。根据安排，首先由政府的一位官员讲话，他表达了自己的感激之情。接着，克劳德接过麦克风，用一口漂亮的英语介绍了项目的重要数据、日期以及实际情况：用时多久、建造了多少房屋、使用了哪些创新材料和技术、帮助了哪些区域的多少居民、预算多少、如何集资，等等。

伯恩德并不想上台。能看到他的团队和当地居民眼中的光芒已令他心满意足。介绍结束后，斯德哥尔摩那儿传来热烈的掌声。他们是进行介绍的最后一组参赛选手，在那之后直接开始授奖仪式。当斯德哥尔摩的主持人拿着两个信封走向话筒时，特朗斯蒙塔尼亚的会议室鸦雀无声。大家屏息等待。安妮用手捂住了嘴。主持人打开了第一个信封。

“年度最佳创新建筑奖授予玛努埃尔·瓦格斯和他来自巴西的团队。”

一位巴西建筑师红光满面地走上斯德哥尔摩的舞台。特朗斯蒙塔尼亚会议室中一片失望的面孔，尤其是那些亚洲人。伯恩德看向其他团队成员。

“我们既不是第一个，也不是唯一一个建造抗震房屋的团队，”克劳德冷静地说道，“但是究竟谁能赢得第二个主要奖项，让我们拭目以待吧。”

斯德哥尔摩的主持人又一次单独站在舞台上，打开了第二个信封。

“社会责任奖授予来自德国的伯恩德·施密特和他的无国界远程团队，为他们建造的特朗斯蒙塔尼亚抗震楼房。”

整个团队欢呼起来。克劳德、皮拉和琳达高高跳起，安妮微笑着与斯黛拉握手，艾德稳兴奋地与大学生们击掌。与此同时，伯恩德的妻子维贝克走上斯德哥尔摩的舞台，以团队的名义接受了奖项。

伯恩德欣喜若狂。他与屋内的人一一握手，所有核心团队成员将他围在中心。他通过视频摄像头向保罗竖起大拇指，后者脸上露出了满意的微笑。这时突然响起嘹亮的音乐："我们是冠军，我的朋友们。"克劳德用自己的苹果手机连上了音响。在半小时充满欢乐的起舞与拥抱后，伯恩德请大家安静，并走到了麦克风前。

"10个月前，为了帮助这里饱受灾难的人民，同时为了我作为建筑公司老总的第一份国际经验，我开始了这个项目。到现在为止，我一直都只在德国工作，并为自己始终能坚守时间和预算而略感骄傲。之前，我深信这一切主要是因为我的领导能力和精益求精的过程。然而在过去10个月中发生的一切超越了我最为大胆的梦想。你们大家都是闪耀的明星。能领导这支团队是我莫大的荣幸，我坚信我们还可以书写更多的故事。"

现在，伯恩德开始表彰每一位团队成员。他首先从站在房间左面角落的安妮开始，从一开始她便是团队的支柱。正当他想说说克劳德的时候，后者的电话响了。令伯恩德大为恼火地是，克劳德居然通起了话！伯恩德生气地继续表扬斯黛拉。他对着每一位成员，注视着他们的眼睛。当他赞扬大家时，他看到有些人脸红了，其他人则感动得热泪盈眶。所有人都意识到自己参与了一场伟大的事业。最后克劳德终于打完了电话，伯恩德想走向他时，加拿大人先说话了。

"所有人，听我讲，"克劳德脸上带着明显诡异的笑说道，"刚才，我接到了一家国际救助机构的电话，他们也参加了斯德哥尔摩的建筑峰会，并且早就注意到了我们。现在我们赢得了两个大奖之一，他们委托我们建造一座非洲的难民营。那应当是一座保留难民尊严的住所，同时需要我们在特朗斯蒙塔尼亚施工时应用到的创新建筑方式、新型材料以及太阳能配件。你们觉得怎么样？你会来伯恩德发表演讲，并再次表扬每一位团队成员。这时克劳德的手机接到一个电话。下一个项目已在等着他们。这一次，琳达想要接过团队的管理。

吗，伯恩德？”

伯恩德对克劳德打手机的怒气一下烟消云散。“那是当然！”他大笑着回道，“你们呢？”

琳达、皮拉、斯黛拉和艾德稳纷纷答应。

“我很想加入你们，”安妮说道，“你们是一支很棒的团队。但是恐怕下次我没法参加了。我受雇于我的政府，在这里的基础建设彻底重建完毕之前还有许多事要做。另外，在过去的10个月中我也有些忽视我的家人。但是我很希望我们能保持联系。”

“你们都证明了自己的领导能力，”伯恩德说道，“我在德国还有一些项目要做。此外，中国建筑公司已经找上了我。是一个在中国建造卫星城的任务。你们谁有兴趣和信心领导非洲的项目？”

“我愿意，”琳达说道，“如果你信任我的话。”她的声音听起来自信而坚决。“我是金融专家，我想帮助我所在的大洲的人民。如果有克劳德和皮拉在建筑领域的专业知识，我们可以再度做出了不起的成就。给予团队所有人最大化自由和自我责任也是我的座右铭。”

“你尽可相信我和我的人脉，”克劳德说道，斯黛拉和皮拉也表示同意琳达成为项目领导。

“我还从没去过非洲，”艾德稳微笑着说道，“但是，我的中国同胞们正越来越多地参与到当地建设中。我愿意加入。”

“太棒了，”伯恩德说道，“我真是太高兴了。现在让我们去庆祝吧！”

## 高潜力人才是传声筒与纽带

由伯恩德、克劳德、安妮、琳达、皮拉、斯黛拉、艾德稳和其他一群人组成的远程团队的项目就这么结束了。团队与来自世界各地的大学生们一同设计了全新的抗震房屋，并按期在饱受地震摧残的灾区建设完毕。因其社会责任感及新型的建筑方式，团队最终获得了国际大奖。项目也曾经历高潮与低谷，但最后所有人都幸福而满足。令人惊奇的是，立刻又继续前行了！新项目接踵而至。这是巧合吗？并不尽然。团队培养出了共同的使命与愿景。真正强有力的使命与愿景会自发前行，并不断找到支持者。在此期间，领导职责往往会交到下一代人——或那些至今处于二线的人手上。

当我多年前开始领导大型远程团队，即那些由来自世界各地、不同企业级别的人们组成的团队时，我便很快意识到，作为团队主管，我不能总是唯一一个传递远大使命与理想的人。我需要能把我们的使命、愿景传播到世界各地以及企业各个层面的传声筒。我是怎么做到的呢？请您回想一下第四章中互相咬合的目标：使目标紧密结合的方法在于，将团队使命、愿景分成数个单独目标，核心团队的每一位成员明确负责某一战略目标，而实现其目标的正确方式则应当尽可能地由每位成员自主独立地寻找并实践。

在大型团队中，您需要能继续传播使命、愿景的传声筒。想要顺利做到这一点，您应当尽早招纳年轻的高潜力人才，并授权他们承担责任。

核心团队成员并不需要完全独自实现目标。理想情况下，每个单独目标可以再寻找3至5名更为年轻的高潜力人才组成一个远程子团队，在核心团队相关成员的领导下为同一目标共同努力。如艾德稳就带着他最好的学生们参加了伯恩德的团队，其任务是开发并实施新型能源和建筑方式。在大型跨国企业中，参与项目的高潜力人才往往已经通过各种方式证明了自己的领导才能。通常，挑选青年才俊，并为他们日后承担管理工作进行培训是人事部门的职责。项目主管可以求助于人事部，请他们为某一特定任务推荐人选。但是，在许多中小型企业，初创公司或非政府组织中，核心团队必须自我壮大。通常可以观察一下扩展团队，是否有成员能独当一面，承担某些特定任务的更多职责，并最终成为真正的管理角色。

### 您的任务是培养接班人，而非在象牙塔内高谈阔论

就我的经验而言，将组织架构中的下一层级及拓展团队一同纳入战略计划对远程团队尤为重要。并不仅有核心团队才能内化使命与愿景。这个过程必须有更多人的加入，否则就可能出现所谓的象牙塔症状。它是指核心或管理团队拥有远大理想，彼此也保持密切交流，但完全没发现自己与团队其他成员及整个组织越来越脱离。管理者们坐在象牙塔内互相吹捧恭维，而那些塔外的人却完全不知道他们在说什么。为了避免这一情况，高潜力人才作为核心团队与团队其余人员，即整个组织间的纽带作用便尤为重要。请您及早让那些更年轻、同时欠缺经验的团队成员参与到战略制定及承担管理职责的任务中来。其中最优秀的人自会脱颖而出——他们便是真正的高潜力人才。

**小心陷阱！**

**在大型远程团队中，很容易出现管理层高坐在象牙塔中高谈阔论，而基层员工无人知其所以然的情况。后备管理力量此时是战略层与基层的最佳纽带。**

下面是一些我从实践中总结出的建议：针对每个战略目标，

由3到5名高潜力人才参与核心团队的网上例会。如果预算允许，应当额外让其中一到两名天资最为出众的成员到其他地方交换两到3个月，在那儿继续为同一战略目标工作。如果远程子团队参与战略讨论，同时也执行日常操作事务，就会产生一种积极的动态平衡。他们拥有战略眼光，将使命与愿景牢记心中，同时也了解基层情况，并需要在那里证明自我。如果您的后备管理人才在世界各地、组织的各阶层工作过，就为其日后成为下一代顶尖管理者打下了最坚实的基础。

伯恩德在项目进程中让越来越多扩展团队的成员参与到战略制定中来，使他们与核心团队保持密切联系。为了提高创新速度，更快地实现目标，并推广项目的使命与愿景，他甚至纳入了重要的供货商及合作伙伴。如果您成功动员了整支团队，往往能抓住核心团队容易忽视的机会。为此，应当保证尽可能多的成员理解并牢记团队的使命与愿景。只有心有所盼，才能看到机会。一旦您在扩展团队中找到能自主推动战略主观能动性的年轻管理人才，新想法就会源源不断地被实现。新生管理人才不仅能捕捉机会，还能自主创建远程子团队，实现其所发现的可能性。

应当有3到5名高潜力人才参加定期例会。此外，如果时间允许，后备力量应当被派往不同地点。

## 当使命与愿景鼓舞了整支团队

为新项目赢得后备管理人才的最佳途径是培养现存项目中的员工。在伯恩德的团队中，琳达之所以能自告奋勇领导下一个项目，是因为她在伯恩德的领导——以及保罗的影响下了解了“授权”的意义。如果扩展团队的每个人都认识到无论自己身处何方、是何级别，都有可能获得机会发挥主观能动性并自主完成目标，那么团队中就会产生非常强大且独一无二的团队精神。您的员工意识到：是的，我们所向披靡，无论距离、时区或文化差异如何将我们分隔，最终我们都能功成名就。只要有这样的精神，就能始终向前，也就是说，到项目结束之时，合适的人选几乎会自动聚拢到新项目周围。

若想团队始终保持高涨的热情和动力，就要一步步将所有团队成员都纳入议事日程、使命与愿景以及战略制定中来。

在我作为培训师的职业生涯中，我的客户横跨所有行业，且不论规模大小。无论是大型集团或真正的跨国巨头，还是刚刚开始享誉国际的中型企业乃至初创公司，最终都成功地将扩展团队纳入了议事日程、战略思考及使命与愿景之中。因此我们取得了源源不断的进步。就在去年，我有幸与一批负责教育、青少年保护以及多民族融合领域大型国际项目的非政府组织合作。此时，项目是否持久以及各个项目的使命是否有延续性就变得至关重要。非政府组织拥有明确的使命与目标，因此始终需要能认同这一目标，并在具体项目中实践目标的新人。在我所参与的项目中，维护分散各地的大型团队内部的有效沟通，并长期保持高涨的动力是关键所在。

在项目中，我一直致力于使所有层面的成员都开始战略性思考，并将使命与愿景牢记在心。远程团队失败的原因往往在于只有少数几人制定战略，而其他人则只把自己当作具体实施者。最后，将一支团队领向成功的艺术在于将战略和实施两个层面紧密结合。如此，管理层不至于高高坐在象牙塔内，员工们也不会只把自己看成操作层面的命令接受者。整支团队的凝聚力一旦提升，就能够轻易跨越地域与文化的界线。

# 后　记

# 后记

伯恩德深吸了口气。冰冷清新的空气充满了他的肺叶，令他头脑清醒。他的身体仿佛得到了净化。他刚刚完成了从雪坡下行的第一次俯冲，腿部肌肉还微微发热。缆车里，女儿蕾娜正坐在身边，她的脸颊红彤彤的，朝着阳光眨了眨眼，接着便看向智能手机。她正用不可思议的速度和朋友发送友通应用短信。从特朗斯蒙塔尼亚回来后，伯恩德立刻带着维贝克和蕾娜去了他们最喜欢的阿尔卑斯雪场。他们想在那儿跨年。伯恩德闭上双眼，享受着照在脸上那轻柔温暖的冬日阳光。他的脑海中又浮现出特朗斯蒙塔尼亚的新房。他看到面带微笑、说着感恩话语的当地居民。他看到安妮、克劳德、皮拉和琳达的脸，所有人都在热烈交谈着什么。接着是艾德稳和斯黛拉，神采飞扬，充满干劲。最后，他看到保罗安祥、平静的微笑。现在，伯恩德又想起了政府的官员、建筑公司代表及供应商。在过去的10个月中，居然诞生了如此庞大的集体！伯恩德十分满意，同时他又不像之前项目成功时那般骄傲，相反，他始终谦逊低调。是的，他确实迈出了第一步，却是团队众人的热忱、能量与激情造就了最终的成功。如今，战胜了所有遭遇到的困难——资金、工期、新型建筑材料、当地建筑公司，等等——他感到如释重负和深深的满足。“一切都物有所值。”他想。接着，他不禁自问：“难道我已经开始想念这一切了吗？每周的团队会议、源源不断的挑战、无论发生什么都坚信成功的坚韧信念？”

缆车仍在缓缓上山，伯恩德又一次回想起在亚洲时，从显示屏上看到的斯德哥尔摩的授奖仪式。得奖后，他收到了来自世界各地的祝福。伯恩德还没适应如此规模的认可与曝光，但这令他感到受宠若惊，他暗暗地享受着这份荣耀。

在年关的这次短暂度假中，他本想终于可以一心一意放在家人身上，而不是整天为手机所束缚。因此，他请求斯黛拉继续为他工作，在度假期间替他预先分类邮件，只把那些需要即时反应的邮件转发给他。他暗暗希望斯黛拉一封邮件也别发来，但在前往车站的半路上却突然有了想在手机上查看邮件的强烈欲望。他刚从上衣口袋里掏出手机，就看到显示屏上斯黛拉的消息，上面写着“重要”。

“该死的。”伯恩德想着，并立刻切换到了战斗模式。他打开邮件程序，开始阅读斯黛拉转给他的邮件。但是他马上又放松下来，脸上浮现出一个巨大的微笑。

“真是难以置信。”伯恩德大声说。女儿的视线从友通应用转到了他身上。

“听着，蕾娜，”伯恩德说道，“一位来自加利福尼亚的亿万富翁在太平洋上买了个岛，并且希望由我来建设！他把它取名为‘彩虹岛’，意图将其建成一座可持续发展的度假胜地，以传统建筑、食物及艺术来展示五大洲的所有重要文化。他想完全使用可持续能源来运作这座岛屿，而且他没有选择国际大型建筑企业，而是想把建设管理工作委托给具有创新精神的企业主。这里写着，投资额高达5亿美元。这位亿万富翁通过网络收看了斯德哥尔摩的颁奖仪式和我们的展示。他给我写信道，‘我为您在特朗斯蒙塔尼亚的工作深深感动，如果您能尽快考虑我们的想法，我将感到十分荣幸。’”

缆车到站了。是时候下车开始下一次俯冲了。在上雪道之前，伯恩德在站台边站了一会，目光扫向周围白雪覆盖的山峰。多么壮观的全景啊！他看到紧挨着的山谷和小村落，看到旅店和客栈。远处地平线上甚至能辨认出临近的城市。他闭上眼睛，任思绪游荡得越来越远，越来越远，最终来到了太平洋上的“彩虹岛”。他看到蓝色的海洋，看到风车在转动，太阳能装置在阳光下闪耀。他看到一座佛教寺院和一座哥特式教堂的轮廓。他还看到许多张脸，那是不同肤色之人的脸，却都有着明亮的眼睛和对美好的期盼。

# 参考书目

[1] Meyer, Erin: *The Culture Map. Breaking Through the Invisible Boundaries of Global Business*. New York: PublicAffairs, 2014.

[2] Csíkszentmihályi, Mihály: *Flow. Das Geheimnis des Glücks*. Stuttgart: Klett Cotta, 2014.

[3] Jekel, Thorsten: *Digital Working für Manager. Mit neuen Technologien effizient arbeiten*. Offenbach: GABAL, 2013.

[4] Ferris, Timothy: *Die 4-Stunden-Woche. Mehr Zeit, mehr Geld, mehr Leben. Berlin*: Econ, 2008.

[5] Faltin, Günter: *Kopf schlägt Kapital. Die ganz andere Art, ein Unternehmen zu gründen. Von der Lust, ein Entrepreneur zu sein*. München: Hanser, 2011.

[6] Senge, Peter M.: *Die fünfte Disziplin. Kunst und Praxis der lernenden Organisation*. Stuttgart: Klett Cotta, 2008.

[7] Lencioni, Patrick: *The Five Dysfunctions of a Team. A Leadership Fable*. New Jersey: John Wiley & Sons, 2002.

[8] Senge, Peter M.: *Die fünfte Disziplin. Kunst und Praxis der*

*lernenden Organisation*. Stuttgart: Klett Cotta, 2008.

[9] Meyer, Erin: *The Culture Map. Breaking Through the Invisible Boundaries of Global Business*. New York: PublicAffairs, 2014.

[10] Phasenmodell von Bruce Tuckman.

[11] Faller, Kurt u. a.: *Das Buddy-Prinzip. Soziales Lernen mit System*. Düsseldorf: Buddy e.V., 2007.

[12] Meyer, Erin: *The Culture Map. Breaking Through the Invisible Boundaries of Global Business*. New York: PublicAffairs, 2014.